風月同天

——山东省与和歌山县结好40周年

《风月同天》编写组　编著

山東畫報出版社
济南

图书在版编目（CIP）数据

风月同天：山东省与和歌山县结好40周年 / 《风月同天》编写组编著. -- 济南 ：山东画报出版社, 2024. 7 . -- ISBN 978-7-5474-4998-1

Ⅰ. D822.231.3

中国国家版本馆CIP数据核字第2024EC4902号

FENGYUE TONG TIAN
——SHANDONGSHENG YU HEGESHANXIAN JIEHAO 40 ZHOUNIAN

风月同天
——山东省与和歌山县结好40周年
《风月同天》编写组　编著

项目统筹　秦　超　怀志霄
责任编辑　梁培培　张　倩　顾业平
装帧设计　李东方　苗庆东

出 版 人　张晓东
主管单位　山东出版传媒股份有限公司
出版发行　山东画报出版社
社　　址　济南市市中区舜耕路517号　邮编 250003
电　　话　总编室（0531）82098472
市场部（0531）82098479
网　　址　http://www.hbcbs.com.cn
电子信箱　hbcb@sdpress.com.cn
印　　刷　山东临沂新华印刷物流集团有限责任公司
规　　格　170毫米×200毫米　32开
6.25印张　158幅图　120千字
版　　次　2024年7月第1版
印　　次　2024年7月第1次印刷
书　　号　978-7-5474-4998-1
定　　价　268.00元（全二册）

目 录

山川异域　风月同天

山东省、和歌山县概况

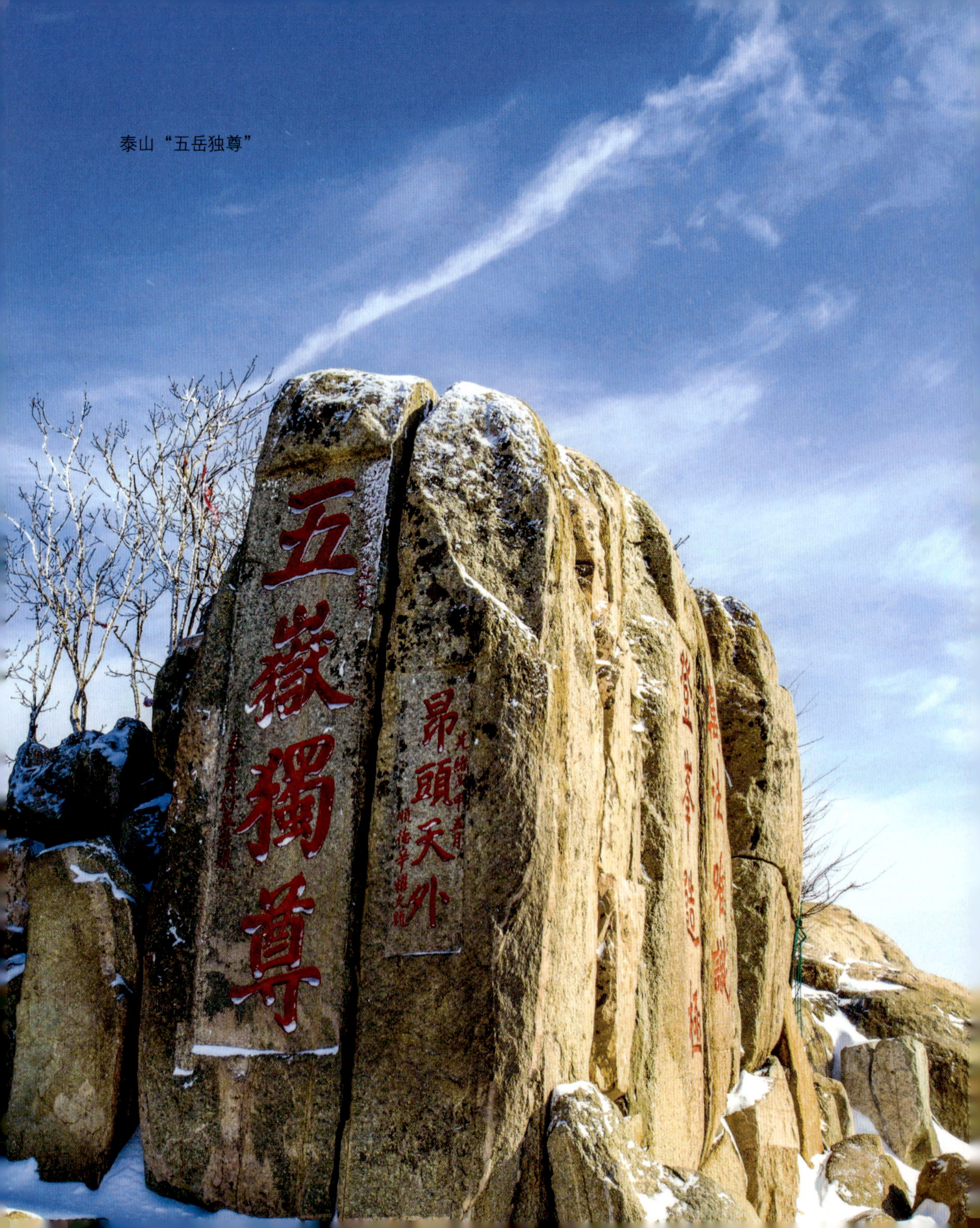

泰山“五岳独尊”

山东省概况

山东省位于中国东部沿海、黄河下游，拥有壮丽的自然风光及丰富的人文景观。泰山为五岳之首，青岛的海滨风光令人流连忘返，济南的趵突泉、大明湖等泉湖景观独具特色。此外，曲阜的孔庙、邹城的孟庙等古迹见证了齐鲁大地的千年风华。

境域包括半岛和内陆两部分，山东半岛突出于渤海、黄海之中，同辽东半岛隔海相望；内陆部分自北而南与河北、河南、安徽、江苏4省接壤。全省陆域面积15.58万平方公里，海域面积15.96万平方公里。省会为济南市。

山东，最初作为一个地理概念，主要指崤山、华山或太行山以东的黄河流域广大地区。

山东是中华民族古老文明发祥地之一。目前发现最早的山东人——“沂源人”，可以把山东的历史上推到四五十万年以前。新石器时代早、中期的北辛文化，距今有8000年左右。举世闻名的原始社会末期的大汶口文化、龙山文化都是在山东首先发现的。西周实行“封邦建国”之策，封吕尚于齐，封

周公旦于鲁，另外尚有曹、滕、卫诸国。齐国“通商工之业，便鱼盐之利，而人民多归”；鲁国融合周文化与东方文化，为“礼仪之邦”。齐、鲁作为周王朝的两大支柱，经济、文化取得更快发展，对以后山东地方历史的发展有着重大影响。

自古以来，山东地区素以发达的农业和手工业著称于世。山东是中国古代文化的发源地之一，也是古代文化的中心。这里曾产生过许多杰出的思想家、政治家、军事家、科学家、文

CRH

“和谐号”列车穿越农田

孔子

学家和艺术家。在学术思想方面，有孔子、孟子、颜子、曾子、墨子、荀子、庄子、郑玄、仲长统等；在政治军事方面，有管仲、晏婴、司马穰苴、孙武、吴起、孙膑、诸葛亮、戚继光等；在历史学方面，有左丘明、华峤、崔鸿、马骕等；在文学方面，有东方朔、孔融、王粲、徐干、左思、鲍照、刘勰、王禹偁、李清照、辛弃疾、张养浩、冯惟敏、李开先、李攀龙、蒲松龄、孔尚任、王士禛等；在艺术方面，有王羲之、颜真卿、李成、张择端、高凤翰等；在科学技术方面，有鲁班、甘德、刘洪、何承天、王朴、氾胜之、贾思勰、王祯、燕肃等；在医学方面，有扁鹊、淳于意、王叔和等。他们的思想、理论、智慧和学术成就，构成了中华优秀传统文化的重要内容，对中华优秀传统文化的发展产生了广泛而深远的影响。

境内中部山地突起，西南、西北低洼平坦，东部缓丘起伏，形成以山地丘陵为骨架、平原盆地交错环列其间的地形大势。泰山雄踞中部，

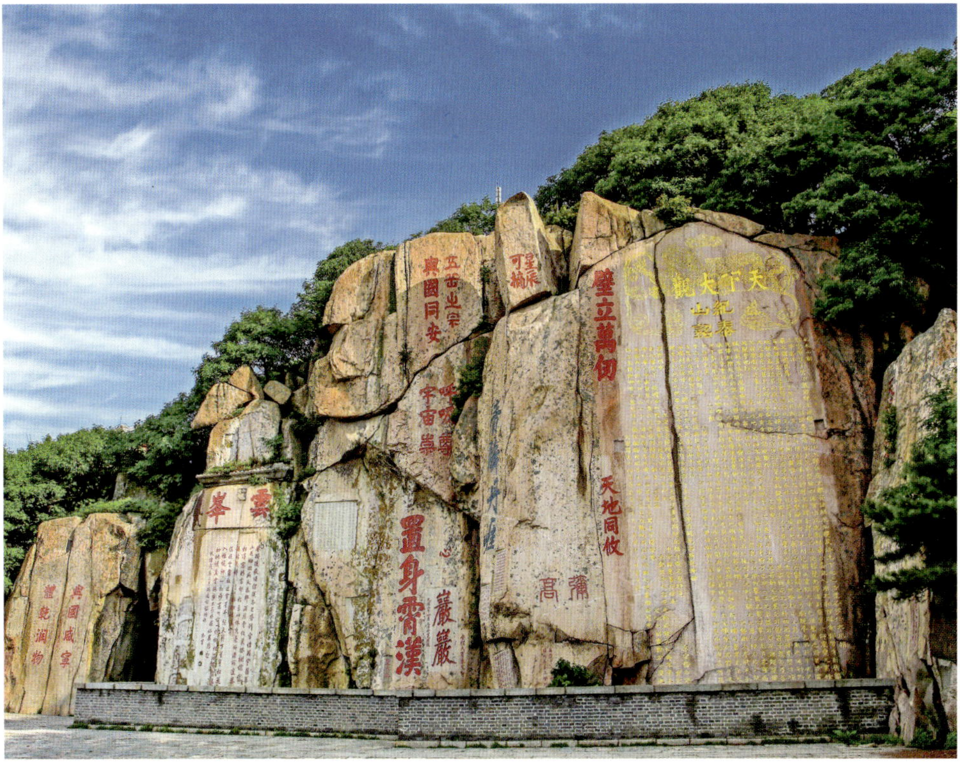

泰山摩崖石刻

主峰海拔1532.7米，为全省最高点。黄河三角洲一般海拔2米至10米，为全省陆地最低处。境内地貌复杂，大体可分为平原、台地、丘陵、山地等基本地貌类型。

黄河蜿蜒流过村庄

境内主要山脉集中分布在鲁中南低山丘陵区和胶东丘陵区。属鲁中南低山丘陵区者，主要由片麻岩组成；属胶东丘陵区者，由花岗岩组成。绝对高度在700米以上、面积在150平方公里以上的有泰山、蒙山、崂山、鲁山、沂山、徂徕山、昆嵛山、九顶山、艾山、牙山、大泽山等。

山东水系比较发达，自然河流的平均密度为每平方公里0.7公里以上。干流长10公里以上的河流有1500多条，其中在山东入海的有300多条。这些河流分属于淮河流域、黄河流域、海河流域、小清河流域和胶东水系，较重要的有黄河、徒骇河、马颊河、沂河、沭河、大汶河、小清河、胶莱河、潍河、大沽河、五龙河、大沽夹河、泗河、万福河、洙赵新河等。

黄河上的渔船

和歌山县海滨风光

和歌山县概况

日本和歌山县是一个静谧祥和的地区，小海湾边阶梯状的民房与海上浮起的小岛相映生辉，不似都市的繁华，也就远离了喧嚣，这里没有浮世绘里明艳的色彩和夸张的线条，却深藏着日式传统文化的气息，温柔有力。纪伊山地的灵地和参拜道还被永久地载入了《世界遗产名录》。

和歌山县旧国名纪伊，古时旧城下地区称“岗山”，因日语岗山的发音与和歌山相似，故称和歌山县。县徽是将和歌山县的第一个假名“わ”字图形化。

和歌山县是日本三大都市圈之一大阪都市圈的组成部分，

属于日本地域中的近畿地区。地处日本最大的半岛纪伊半岛的西南面，面向太平洋，东部与东北部分别与三重县、奈良县及大阪府接壤，土地面积占全日本面积的1.25%，居第30位。

和歌山县拥有总长约650公里的里亚式海岸线。沿海峭壁耸立，连绵不断，还分布着大小130座岛屿。因为临海的山地

反复隆起、沉降，所以形成了复杂的地形，包括自古以来作为灵地受到信奉的山地在内，到处都可以见到各种奇岩和巨石。特别是以潮岬为中心的南部海岸，断崖奇岩相连，呈现了独有的景观。当地平原较少，只有纪川下游区域的和歌山平原及有田、日高川河口一带的狭窄地区，大部分为山地。因此，和歌山有“山海之国”的美称。陆路、海路交通便利，其中陆路交

渔民捕捞的金枪鱼

厨师在处理金枪鱼

通分为国道、县道及市町村道。关西国际机场距和歌山县仅40分钟车程。

和歌山县的气候特点是温暖多雨。沿海地区的年平均气温为17摄氏度左右，多属温暖气候；靠近山地的内陆地区年平均气温在12摄氏度以下，与沿海地区相比有气温差异。北部地区降水较少，年降雨量为1300毫米左右；南部地区则降水较多，年降雨量超过2500毫米。全县年降水量低于日本国内平均水平，位居日本第30位。全年湿度在65%至70%，没有太大的差异。夏季闷热，是容易感到疲劳的季节，一般会从6月中旬持续至9月。其中，6月是梅雨季节，雨天增多。冬季气候平稳，除高野山、清水、龙神有10厘米至20厘米的积雪外，其他地方少有积雪。春季的4月、5月及秋季的10月、11月气候宜人，是极为舒适的时候。

俯瞰熊野古道

熊野古道上的寺庙

和歌山县森林茂密，木材资源丰富。林地面积约占全县面积的77%。以熊野川、日高川流域为中心，到处可见松、杉、扁柏林。在熊野川河口新宫地区，储木场随处可见。因此，和歌山县的林业、家具制造等行业比较发达，有“木材王国”之称。

和歌山县的果树、蔬菜、花卉等栽培业也比较发达。因青梅、柿子、八朔柑等产量居全日本首位，和歌山县有“果树王国”之称。又因纪川、有田川和面对海岸的丘陵地区盛产柑橘，和歌山县作为日本第一大柑橘产地，有“蜜柑王国”之称。

和歌山县的渔业也很发达，带鱼、龙虾等水产品的捕获量在日本首屈一指，胜浦渔港还是日本著名的金枪鱼捕鱼地。除了近海渔业，当地还进行远洋捕鱼，大力发展水产养殖业。

和歌山县的工业以钢铁、石油为主，还有独特的化工、纤维、皮革加工等产业。工业大部分集中在以和歌山市为中心的西北部沿海工业地带，与阪神工业区紧密地联系在一起。制造业在生产总值中的比重较高，大大超过全日本平均水准，其中以石油、化学、钢铁等基础工业所占份额较高。南部地区集中了一部分木材加工、纸浆、船舶修理等加工企业。而传统的工业产品主要有陶器和漆器，如海南市黑江地区生产的漆器远销世界各地。和歌山县的第三产业发展较快，其中旅游观光业发展最大。

和歌山县天守阁

睦邻友好　源远流长

山东省与和歌山县40年友好交往综述

和歌山县天守阁

山东荣成徐福像

和歌山县徐福像

中国和日本友谊山高水长，山东省与和歌山县的交往则历久弥新，或许一切要从最早与日本产生联系的中国人徐福谈起。

有人说，徐福像是一颗被许久遗忘在天际一角的星。然而，在日本的和歌山县，这一比喻显得并不那么确切。在日本，有许多和徐福相关的遗迹，每一个遗迹的背后都有一段美丽的传说。

徐福公园

为了纪念徐福，日本和歌山县新宫市建了一个徐福公园，里面还有一座徐福雕像。在众多的日本民间传说中，徐福既是一个情深义重、有血有肉的人，又是一个护佑乡民、泽被后世的神。当地流传着徐福教日本人养蚕、纺织、耕作、造船、捕鲸等传说，这表明了在日本民间百姓的眼里，徐福实际是一位日本文化的始祖神。

徐福之后，从孙中山到李大钊、周恩来、鲁迅、郭沫若、廖承志、蒋百里、苏步青等，相当一批以后成为中国政治、军事、外交、文学、科技精英的人物有过留日经历，与日本人民建立了深厚情谊。鲁迅先生对他的恩师藤野先生有过这样的回忆："不知怎的，我总还时时记起他，在我所认为我师的人之中，他是最使我感激，给我鼓励的一个。"

在悠长的文化交流之中，中日两国之间建立了深厚的情谊。中国文人曾多次对日本文人横渡沧海、不惧艰难的探索精神，给予高度评价。

徐福东渡东瀛国图

唐代诗人钱起的诗作《送僧归日本》便表现了这种感情："上国随缘住，来途若梦行。浮天沧海远，去世法舟轻。水月通禅寂，鱼龙听梵声。惟怜一灯影，万里眼中明。"

明治维新以后，形势发生了重要转变，两国间的文化交流由中国向日本传播，转为日本更多地向中国传播。一部《日本变政考》，成为开展戊戌变法的重要因素。

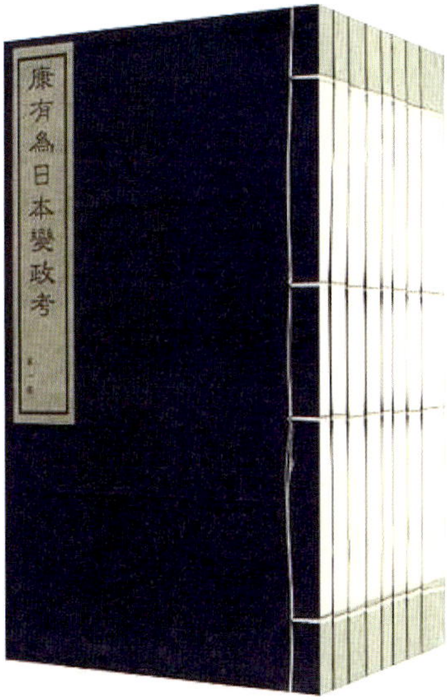

《康有为日本变政考》书影

诸多从日本留学归来的青年学子，成为中国政治、军事、文学等方面革新的领导者与骨干，其中不乏秋瑾、鲁迅、周恩来、蒋百里等佼佼者。周恩来曾作诗："大江歌罢掉头东，邃密群科济世穷。面壁十年图破壁，难酬蹈海亦英雄。"

友谊的小船如何成为巨轮？答案是友好合作和多方努力。

山东省与和歌山县的友好合作，自然也在两国睦邻友好的基础之上，沿着互利共赢、共同发展的方向不断乘风破浪前行。

习近平主席在2015年中日友好交流大会上的讲话中评价道："中日一衣带水，2000多年来，和平友好是两国人民心中的主旋律，两国人民互学互鉴，促进了各自发展，也为人类文明进步作出了重要贡献。""两国老一代领导人，以高度的政治智慧，作

出重要政治决断，克服重重困难，实现了中日邦交正常化，并缔结了和平友好条约，开启了两国关系新纪元。廖承志先生和高碕达之助先生、冈崎嘉平太先生等一批有识之士积极奔走，做了大量工作。”

在日本，廖承志曾被授予“勋一等旭日大绶章”，和在中国一样被尊称为“廖公”。逝世后，他的日本世交宫崎世民说：“如谈论中日友好关系的发展，离开廖公是无法谈的。因

为他熟知日本的表里。”日本前首相铃木善幸也曾给予高度评价：“廖承志先生与已故的周恩来先生，将永远铭记在我国国民的心中。两位先生不愧是献身于日中两国友好事业的不可多得的卓越人物。”

廖承志是国民党元老廖仲恺与何香凝之子，1908年出生于日本东京。幼年时多次跟随父母辗转于内地、香港和东京。廖仲恺遇刺身亡后，他退出国民党并东渡日本留学。

那时候的廖承志是个满腔热血的青年，在日本结识了众多志同道合的有志之士，也接触了各类社团组织及先进思想，深刻地理解了中日两国的社会、文化和经济生活。这为后来从事中日外交工作奠定了坚实的基础。

停泊在黄浦江边的绿白两色相间的明华轮，上面巨大的“中日友好之船访日团”横幅高高挂起，甲板四周和船身上空悬挂的彩旗迎风飘扬。

1978年，《中日和平友好条约》签订。次年，廖承志率600余人乘坐万吨级的轮船明华轮访日，受到了日本民众的热烈欢迎，再次掀起中日友好的高潮。这次访问人数多、范围广、活动大众化，进一步加深了两国人民的友好关系。这条友谊之船被许多人称为“廖公船”。

夜晚的明华轮

再说回那段历史：时值樱花灿烂之际，廖承志向时任首相的田中角荣赠送了一件非同寻常又有意义的礼物——从首相送给中国的樱树上摘下来的樱树叶，寓意着中日友好之树已经扎根中国并枝繁叶茂，两国友谊之树长青。这次访问的代表团是中日邦交正常化后中国出访日本的第一个大型代表团，在日本朝野引起了强烈反响。

在长达27天的访问中，“中日友好之船”绕日本列岛一

周，先后停泊于10个日本港口，共访问了33个都道府县，参观了日本各行各业近千个项目。看望了老朋友，也结识了许多新的友好人士，因而廖承志为此次友好访问题的词“乘船绕一周，友好达千秋”正是此行的真实写照。

可以说，在那个年代，任何一次中日关系的重大转折点都有廖承志的身影。任何一次关键时刻，任何一个关键问题，他都能挺身而出，为了中日之间的邦交和睦邻友好殚精竭虑，

和歌山那智胜浦町，樱花盛开

在重大政策和决策上发挥着关键的作用。

“明华轮”是1962年由法国建造的游轮，总吨位有1400多吨，9层的总面积有13471平方米。这艘巨轮有一段辉煌的历史：1962年下水时是由法国总统戴高乐来剪彩的。随后，它出入过全球100多个国家的港口，曾有近百名各国首脑及世界名人登临。

1973年，这艘豪华游轮被中国购买，命名为“明华轮”。1979年，廖承志率团乘此船出访日本，因此它也被称为“中日友好船”。

在海上航行了21年后，1983年8月，明华轮完成最后一次航行使命，抵达深圳蛇口，经过整修改造，成为集酒店、娱乐为一体的中国第一座综合性的海上旅游中心。1984年1月24日，邓小平同志视察蛇口工业区，兴致勃勃登上九层高的明华轮，欣然提笔，写下了“海上世界”四个大字。

不久之后，1984年4月18日，山东省与和歌山县缔结友好省县关系。

和歌山市有一座古老的纪三井寺，它是中国唐代高僧为光上人创建的。1979年，《中日和平友好条约》缔结之际，时任中日友好协会会长廖承志题词“中日友好　千年万年”，和歌山县日中友协将这八个大字刻在纪念碑上，置于纪三井寺内。和歌山县日中友协在纪三井寺内建立了该纪念碑，每年举行纪念仪式。此后，这份难以割舍的珍贵情缘由当地民众精心呵护至今。

纪三井寺

2006年，仁坂吉伸第一次当选日本和歌山县知事，他出访的第一站就是中国的山东；2010年，仁坂吉伸成功连任，他出访的第一站依然是山东。

日本前国会议员、和歌山县日中友好协会原会长贵志八郎先生从20世纪50年代就致力于中日友好。在他的热情推动下，和歌山市与济南市、和歌山县与山东省、桥本市与泰安市相继建立友好关系。2004年，时任和歌山县日中友好协会顾问的贵志八郎被山东省授予“山东省荣誉公民”称号。

“中日友好　千年万年”纪念碑

中日友谊樱花林

2022年4月8日，中国驻大阪总领事馆携山东省人民政府外事办公室、日本和歌山县国际课共同举办的关西地区中日友好打卡拉力赛在纪三井寺举行，山东省与和歌山县成为此次活动的第一站。

2023年10月14日，方炜副总领事应邀赴和歌山县纪三井寺出席“中日友好　千年万年”纪念碑纪念仪式并发表致辞。方炜表示，“中日友好　千年万年”既体现了绵延千年的中日友好交往历史，也蕴含了对中日世代友好的美好期许和强烈信心。希望双方以《中日和平友好条约》缔结45周年为契机，继续发扬友好传统，坚定“中日友好　千年万年”的信念，为两国民众增进相互了解和友好感情作出更多贡献。

40年来，山东省共向和歌山县派遣各种访日代表团200多批4000多人，促进了双方在各领域的交流与合作，增强了双方人民的理解和友谊。

在双方友好关系的带动下，山东省与和歌山县已建立3对市级友城。

随着新冠病毒感染在世界范围的蔓延，国际交流变得十分艰难。在这种情况下，双方期待通过回顾过去两千年中日

交流的悠久历史，继续推动交流，进一步加强两国之间的纽带关系。

和歌山县知事岸本周平曾在山东大学经济学院担任客座教授，他在会见山东参访团一行时，动情地回忆了自己在济南生活的故事。

今日，故事仍在继续……中日两国一衣带水，两千年友谊源远流长。“渡尽劫波兄弟在，相逢一笑泯恩仇。”这一诗句蕴含了中日关系跌宕起伏的经历，寄托了中日两国人民恢复和发展友好关系的美好愿望。当下，仍有无数人为中日未来的“相逢一笑”坚持努力，山东省与和歌山县的交往无疑为两国友谊添上浓墨重彩的一笔。

中日两国关系风雨兼程，2024年又站在关键路口。2024年4月19日至20日，山东省委常委、宣传部部长白玉刚率团访问和歌山县，会见岸本周平知事并出席纪念山东省与和歌山县结好40周年系列活动。

2018年10月26日，在钓鱼台国宾馆会见日本首相安倍晋三时，习近平总书记指出，中日是近邻，两国利益高度交融。作为世界主要经济体和有重要影响的国家，中日关系长期健康稳定发展，符合两国人民根本利益，也是本地区和国际社会普遍期待。

2024年4月，山东省委常委、宣传部部长白玉刚参加山东省与和歌山县结好40周年纪念活动

2024年4月19日，山东省与和歌山县结好40周年纪念植树活动

山东省与和歌山县的交往“双向奔赴”，实现全方位合作，同时推动了文化交流“多点开花”。

作为中日文化交流的先驱与探险家，徐福东渡展示了那一时期中国人民的勇气和智慧。两国人民的友谊，跨越历史延续至今，共同续写新时代两国人民友好的故事。

如今，山东省与和歌山县在政务、文化、民间、教育、环保等领域的交往，如雨后春笋般层出不穷。各领域友好人士正努力寻找彼此联系的纽带，开展更多务实合作。

泰山云海

同情相成　日亲日近

各领域友好交往回顾

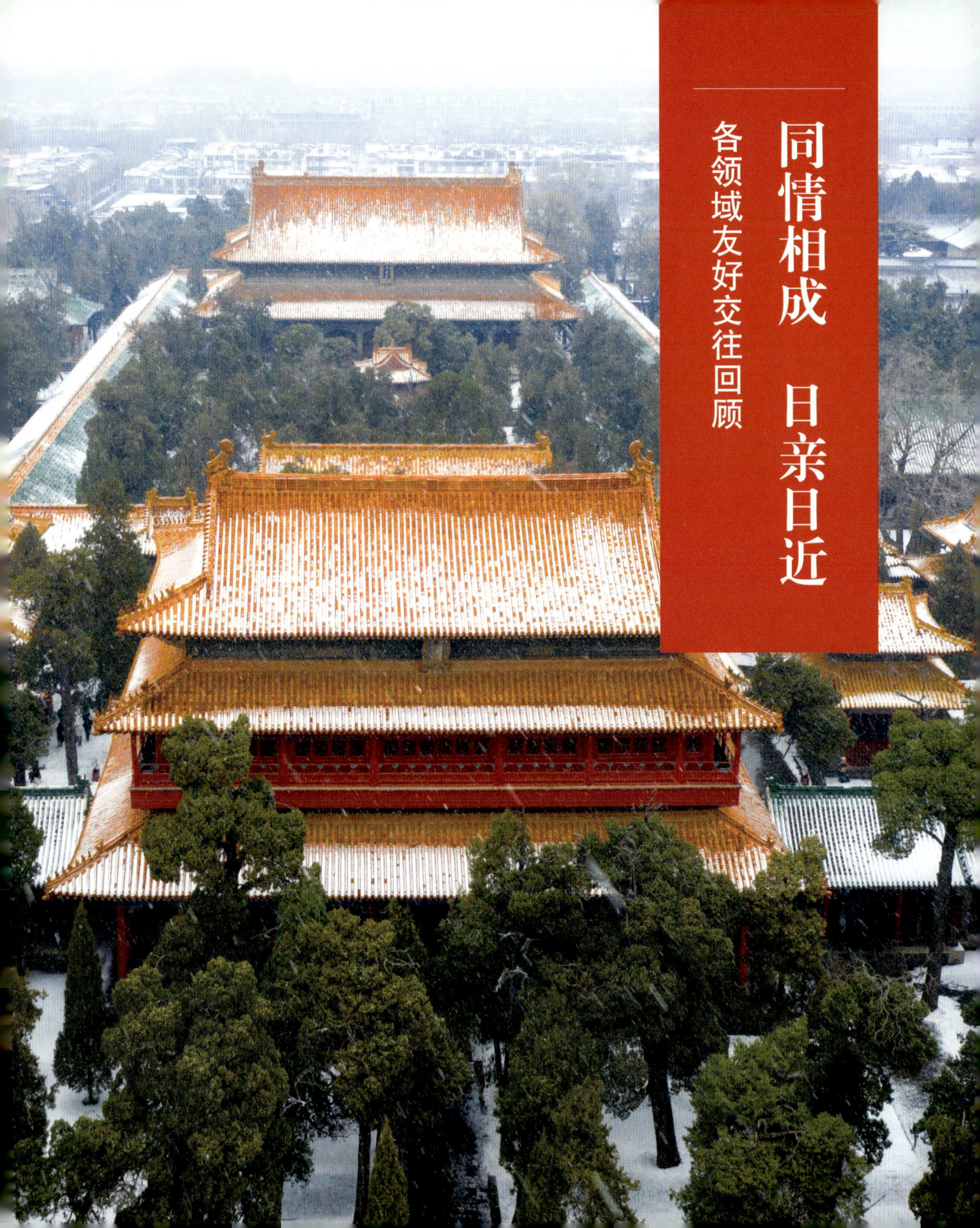

孔庙大成殿内悬挂的“万世师表”“斯文在兹”匾额

政务交往

双方高层交往频繁，政治互信不断强化。

40年来，山东省与和歌山县持续保持着密切交往，政府、地方及民间交往机制顺畅运行，双方不断创建新的合作渠道。在两地高层领导人战略引领和双方共同努力下，新合作不断取得新进展。

1984年4月18日，山东省省长梁步庭率友好代表团访问和歌山县

1984年4月17日，山东省省长梁步庭率友好代表团前往日本和歌山县访问。18日，山东省—和歌山县结为友好省县关系协议书签字仪式在日本和歌山县和歌山市举行。山东省省长梁步庭、和歌山县知事仮谷志良分别代表双方在协议书上签字，打开了山东省—和歌山县友好交流的大门。

1984年4月18日，山东省省长梁步庭率友好代表团访问和歌山县，签署山东省—和歌山县结为友好省县关系协议书

1984年，结好纪念植树

这不仅是一份协议的签订，更是历史的交汇点。未来，山东与和歌山将在这一友好的象征下，共同开启新的历史篇章。

1984年，仮谷志良与梁步庭会见

1984年8月，山东省访问团访问和歌山

1984年5月，仮谷志良访问山东

念念不忘，必有回响。1984年8月19日至24日，应山东省人民政府邀请，以和歌山县知事仮谷志良为团长、议长松本计一为副团长的和歌山县友好访华团一行16人到山东访问，实现了双向奔赴。

1984年5月，仮谷志良访问山东

1995年，和歌山县议会议长门三佐博率“和歌山县日中友好之翼”访华团访问山东

1999年，和歌山县知事木村良树访问山东

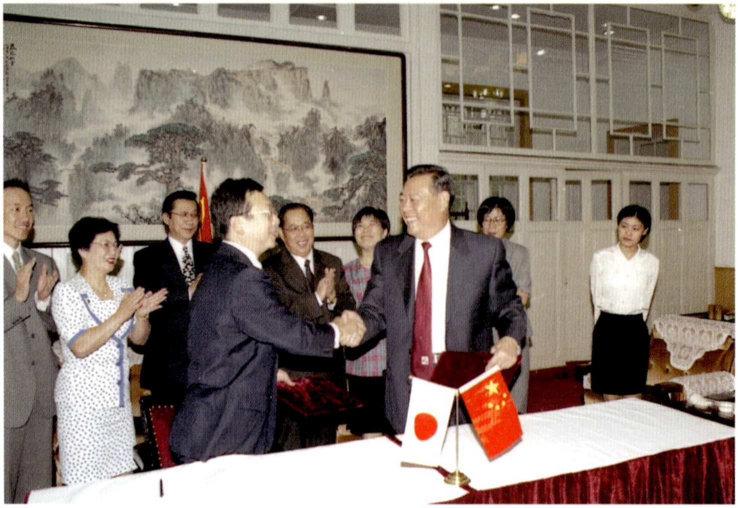

1999年，山东省省长李春亭与来访的和歌山县知事木村良树签署合作备忘录

1999年，和歌山县日中友好协会访问山东

2004年5月，山东省副省长孙守璞赴机场迎接和歌山县知事木村良树率领的友好交流团

2004年4月24日至29日，以日本前国会议员、和歌山县日中友协顾问贵志八郎为团长的日本和歌山县友好交流团访问山东。26日，山东省副省长陈延明在济南会见了日本客人，并代表山东省政府授予贵志八郎“山东省荣誉公民”称号。

2004年5月，山东省省长韩寓群与和歌山县知事木村良树签署会谈纪要

5月22日至25日，和歌山县知事木村良树、议长尾崎要二率领友好交流团一行130人访问山东。山东省委书记、省人大常委会主任张高丽，省委副书记、省长韩寓群分别会见了日本客人。韩寓群与木村良树共同签署了两省县合作交流会谈纪

2004年5月，张高丽会见木村良树

要。22日，山东省与日本和歌山县结好20周年纪念大会在济南山东大厦举行。张高丽、尾崎要二出席，韩寓群、木村良树分别致辞。在济南黄河公园举行了“中日友好林”纪念植树活动，双方栽下了代表山东的泰山松和代表日本的樱花，愿和平

2004年，20周年结好种植中日友好林

的种子能够生根、发芽、开花、结果，愿友谊之树能够根深叶茂、长青不衰。

2004年10月9日至10日，“2004山东中日文化节”在济南举行，来自日本山口、和歌山、福冈、德岛、宫崎县的各界友好人士250余人参加了文化节。10月15日，山东省委副书记、济南市委书记姜大明在济南会见以日本和歌山市市长大桥建一为团长、议长浅井武彦为副团长的和歌山市第21次友好访问团一行。

2006年10月19日至21日，以日本前众议院议员、“山东省荣誉公民”贵志八郎为团长，和歌山县议员门三佐博为顾问的和歌山县友好代表团一行访问山东。山东省人大常委会副主任莫振奎会见客人，并为门三佐博颁发“山东省荣誉公民”证书。

2006年11月10日，山东省委副书记、济南市委书记姜大明在济南会见以和歌山市议长贵志启一为团长、副市长金崎健太郎为副团长的友好访问团一行。

2007年10月21日至24日，和歌山市议长北野均率友好访问团一行12人访问济南。山东省委常委、济南市委书记焉荣竹会见代表团。

2007年11月，仁坂吉伸来访

2007年11月19日至21日，和歌山县知事仁坂吉伸、议长中村裕一率团访问山东。山东省委书记李建国会见代表团一行。山东省委副书记、代省长姜大明与代表团举行工作会谈，双方签署友好合作备忘录。

2007年11月，李建国会见仁坂吉伸

2008年2月19日至20日，和歌山县副知事原邦彰访问山东，山东省副省长郭兆信在济南会见客人。

2008年11月2日至6日，为庆祝济南市与和歌山市结好25周年，以和歌山市市长大桥建一为团长、副议长寒川笃为

2007年11月，山东省与和歌山县签署友好合作备忘录

副团长的和歌山市友好访问团访问济南。山东省委常委、济南市委书记焉荣竹，济南市市长张建国，济南市人大常委会主任徐华东，济南市政协主席徐长玉会见代表团，双方签署友好城市关系备忘录。

2007年，山东省与和歌山县企业商谈会（组图）

2009年，山东省旅游局与和歌山县商工劳动部签署合作备忘录

2009年10月29日至11月2日，以和歌山市议长宇治田清治为团长、副市长畠山贵晃为副团长的和歌山市友好访问团访问济南，济南市人大常委会主任徐华东会见代表团。

2009年，山东省与和歌山县结好25周年孔子剪纸展在和歌山举行

2009年11月22日至25日，为纪念和歌山县与山东省结好25周年，和歌山县议长富安民浩、副知事下宏率议会、政府、经贸代表团和日中友好协会代表团100余人对山东省进行友好访问，参加山东省—和歌山县结好25周年庆祝活动。山东省委副书记、省长姜大明会见代表团一行。

2010年3月，下宏率团访问山东

2010年3月2日，山东省副省长才利民在济南会见和歌山县副知事下宏、议长富安民浩率领的行政、航空、旅游及经贸代表团一行。

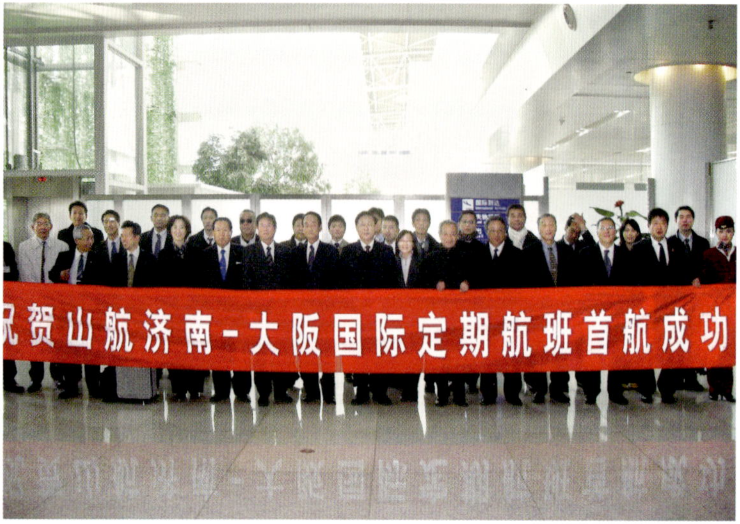

2010年，下宏率团来访，庆祝济南至关西国际机场首航成功

2010年，山航济南至关西国际机场首航庆祝仪式在关西国际机场举行

2010年，山东省副省长王军民会见和歌山县知事仁坂吉伸

2010年8月10日至11日，和歌山县副知事下宏一行访问山东，山东省副省长才利民在济南会见客人。

2011年8月，姜异康会见来访的仁坂吉伸

2011年8月9日至12日，和歌山县知事仁坂吉伸一行访问山东。山东省委书记、省人大常委会主任姜异康，省委副书记、省长姜大明在济南会见客人。

2011年8月，姜大明会见来访的仁坂吉伸

2014年8月，李荣率团出席在和歌山举办的结好30周年回顾展、图片展开幕式

2014年10月21日至24日，以和歌山县议长坂本登为团长的日本和歌山县议会代表团一行10人访问山东。22日，山东省与和歌山县缔结友好关系30周年回顾展及和歌山县风光图片展在山东博物馆举行。山东省人大常委会副主任宋远方、和歌山县议会议长坂本登出席活动并分别致辞。

2018年12月14日，山东省副省长于国安率团访问和歌山，会见和歌山县知事仁坂吉伸

2015年5月24日至26日，和歌山县副知事下宏一行访问山东。山东省副省长夏耕在济南会见客人。

2016年11月17日，山东省委副书记、省长郭树清在济南会见和歌山县知事仁坂吉伸、议长浅井修一郎一行。

2018年4月20日，山东省委副书记、省长龚正在济南会见和歌山县知事仁坂吉伸一行。

2018年12月15日，山东省副省长于国安访问和歌山县果树试验场

2018年12月12日至19日，山东省副省长于国安率代表团访问日本，会见和歌山县知事仁坂吉伸和副知事下宏，访问了近畿大学水产研究所、和歌山县果树试验场。

2018年12月15日，山东省副省长于国安访问近畿大学水产研究所

2019年3月，龚正访问和歌山，会见仁坂吉伸

2019年3月24日至4月2日，山东省委副书记、省长龚正率山东省代表团100余人访问日本，会见和歌山县知事仁坂吉伸并出席两省县结好35周年纪念大会。

2019年3月，龚正访问和歌山，出席山东省与和歌山县结好35周年纪念大会

2019年，山东省与和歌山县结好35周年纪念大会现场（一）

2019年，山东省与和歌山县结好35周年纪念大会现场（二）

2019年，山东省与和歌山县结好35周年纪念大会现场（三）

2019年10月16日，和歌山县知事仁坂吉伸、议长岸本健率政府、议会、经贸、康养、友好协会代表团一行159人访问山东，出席结好35周年纪念活动。山东省委书记刘家义会见代表团一行。

2023年3月，山东省副省长宋军继访问和歌山，会见岸本周平

2020年7月30日，“对话山东—日本·山东产业合作交流会”在济南举办，和歌山县知事仁坂吉伸线上出席活动。

2022年4月8日，中日青少年打卡集戳拉力赛开幕式暨山东省人大—和歌山县议会视频交流会在济南举行。山东省人大常委会副主任王随莲、中国驻大阪总领事薛剑、和歌山县议长森礼子、和歌山县日中友好协会会长中拓哉线上出席活动并致辞。

2022年8月24日，第三届“对话山东—日本·山东产业合作交流会”在济南举办。和歌山县知事仁坂吉伸与山东省委书记李干杰连线交流。

2023年3月8日，山东省副省长宋军继率省政府代表团访问和歌山县。和歌山县知事岸本周平会见代表团一行。

2023年11月6日，山东省人大常委会副主任范华平在济南会见日本和歌山县议会议长滨口太史。

2023年12月，纪念济南市与和歌山市结好40周年摄影展成功举办。活动推动双方民众加强交往，为两市友好合作开辟下一个更美好的40年。

2024年是山东省与日本和歌山县结好40周年。4月19日至20日，山东省委常委、宣传部部长白玉刚率团访问和歌山县，会见岸本周平知事并出席纪念两省县结好40周年系列活动。

2023年12月，济南市与和歌山市结好40周年摄影展

2024年4月，山东省与和歌山县结好40周年纪念会

2024年7月，岸本周平还将率领和歌山县参访团访问山东。

2024年是《中日和平友好条约》缔结46周年，山东省与和歌山县也以此为契机，通过各类高层政务交流活动，增进理解，增强互信，推动构建契合新时代要求的中日关系。

2024年4月，山东省委常委、宣传部部长白玉刚与和歌山县日中友协会员赤井一昭合影

2024年4月，结好40周年纪念植树

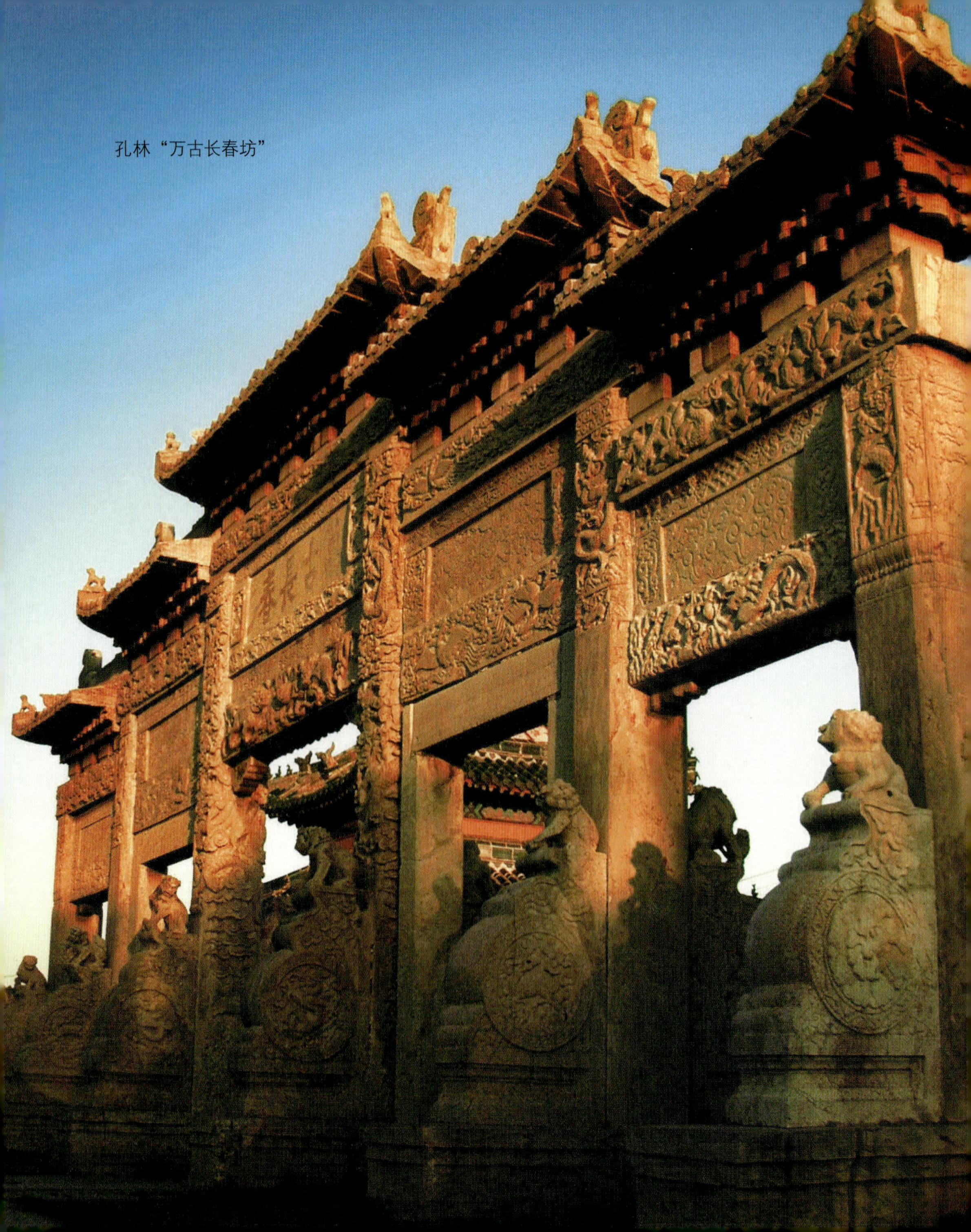

孔林“万古长春坊”

文化交往

中日两国是被喻为“一衣带水”的邻国，这四个字出自记录中国南朝历史的《南史》。

亚欧大陆的东方，中国与日本隔海相望，地理相近的客观因素使两国产生了天然的联系和悠远的人文交流历史。《汉书》记载：“乐浪海中有倭人，分为百余国，以岁时来献见云。”《后汉书》则记载了已知两国最早纪年的官方往来：东汉光武帝中元二年（57），倭奴国奉贡朝贺，光武赐以印绶。魏晋南北朝至隋唐时期，在从“倭国”到古代律令国家“日本”的发展进程中，中国发挥了巨大的影响力。特别是，日本为了学习中国文化，在7世纪初至9世纪末期，曾四次遣使入隋，十几次遣使入唐，掀起了一波又一波中日文化交流的高潮，中国文化对世界特别是东亚产生了重要影响。

如今，随着中国的发展，中日文化交流的态势将更加明显，势必为中日两国提供更多的文化营养。

徐福——中日友好源远流长

关于徐福其人的历史记载，最早可见于汉代司马迁的《史记》。《史记·秦始皇本纪》载："齐人徐市等上书，言海中有三神山，名曰蓬莱、方丈、瀛洲，仙人居之。请得斋戒，与童男女求之。于是遣徐市发童男女数千人，入海求仙人。""方士徐市等入海求神药，数岁不得，费多，恐谴，乃诈曰：'蓬莱药可得，然常为大鲛鱼所苦，故不得至。愿请善射与俱，见则以连弩射之。'"

《史记·淮南衡山列传》又载："又使徐福入海求神异物，还为伪辞曰：'臣见海中大神，言曰："汝西皇之使邪？"臣答曰："然。""汝何求？"曰："愿请延年益寿药。"神曰："汝秦王之礼薄，得观而不得取。"即从臣东南至蓬莱山，见芝成宫

蓬莱山

阙，有使者铜色而龙形，光上照天。于是臣再拜问曰：“宜何资以献？”海神曰：“以令名男子若振女与百工之事，即得之矣。”’秦皇帝大说，遣振男女三千人，资之五谷种种百工而行。徐福得平原广泽，止王不来。”

《史记》之后，《三国志·吴志·孙权传》《后汉书·东夷列传》等史书中都提及徐福东渡之事，后代诗人也多有吟咏徐福者，如唐代诗人李白的《古风·秦王扫六合》中有“徐市载秦女，楼船几时回”的咏叹。

宋代欧阳修的《日本刀歌》有“其先徐福诈秦民，采药淹留丱童老。百工五种与之居，至今器玩皆精巧”的诗句，肯定了徐福对日本社会文明的进步发展所起的作用。元明清各代，以徐福东渡日本为题材的诗作也有很多。

徐福石像和不老之池

新宫本社末社图

日本有关徐福的故事传说，受到了上述中国史书、诗篇有关徐福的记载与描写的影响。五代后周的和尚义楚所著《释氏六帖》（一名《义楚六帖》）根据来华日本僧人弘顺的叙述讲述了徐福如何东渡日本的故事。其中云：秦时，徐福将五百童男，五百童女，止此国也。今人物一如长安。……徐福至此，谓蓬莱，至今子孙皆曰秦氏。可见至少在中国的五代时期，有关徐福的故事在日本已经相当流行，并已反馈到中国。

秦始皇为求长生不老之药，授命徐福入海探访蓬莱仙境，最后徐福东渡日本，这大概是关于中国人官方渡海的最早传说。虽然没有正史记载，但相传今天日本新宫市一带的海滩——熊野滩，就是徐福的登陆处，徐福后来还定居于新宫市。

他们向当地日本人传授耕作方法、造纸法以及捕鲸术，其中在那智胜浦的天满一带出产的纸张被称作“徐福纸”。和歌山县还有一座山被称为“蓬莱山”，被指定为与徐福有关的遗迹。在现在的新宫火车站附近有一座墓塔，上面刻着“秦徐福之墓”。

在和歌山县，最为有名的则是阿须贺神社里的灌木“天台乌药”。有趣的是，从名字上可以知晓，天台乌药原产地是中国浙江台州天台山。《本草纲目》载：“乌药，以出天台者为胜。”原来徐福在沿海寻找药草的时候，曾经有一次到过天台山，这里亦是传说中神仙出没的仙山，产有可令人延年益寿的药草。徐福在天台山中找到了天台乌药，制成天台乌药散、乌金丸、乌药顺气汤，是内科、妇科等的常用方。徐福将此药带到了日本。唐朝时期，高僧鉴真东渡日本，据说也带去了天台

徐福墓

绝海和太祖的诗碑

七冢之碑

冢町的重臣碑

乌药，并用此药治好了光明皇太后的顽疾，因而被尊为日本的“神农”。

天台乌药成为徐福来到和歌山县新宫市的一个重要证据。而在神社附近，还出土了大量弥生时代的竖穴式居住遗迹，各种文物上千件。另外在其他地方也留有徐福马鞍、徐福神舆、徐福木板雕像等。

虽然这些纪念设施和传说都难以直接证明徐福到了日本，但日本对徐福的信仰及相关风俗确乎长期传承，历一两千年而经久不衰，甚至不少日本人至今仍承认自己的家族来自徐福或徐福的部属，如日本前首相羽田孜就公开承认自己是中国移民的后裔，“是东渡日本寻找长生不老药的方士徐福一名秦姓部下的后代”，并多次到中国来寻根问祖。羽田孜曾说过：“我的祖上是姓秦的。我们的身上有

天台乌药

天台乌药的树叶

天台乌药的根茎

秦朝徐福登陆纪念碑

徐福的遗传因子，在我的老家还有‘秦阳馆’，作为徐福的后代，我们感到骄傲。”

这至少可以说明，徐福团体的一部分人到达了日本，并对日本社会的发展作出了重大贡献。日本人民纪念徐福的活动，也反映出他们渴望继续保持中日友好传统的强烈愿望。

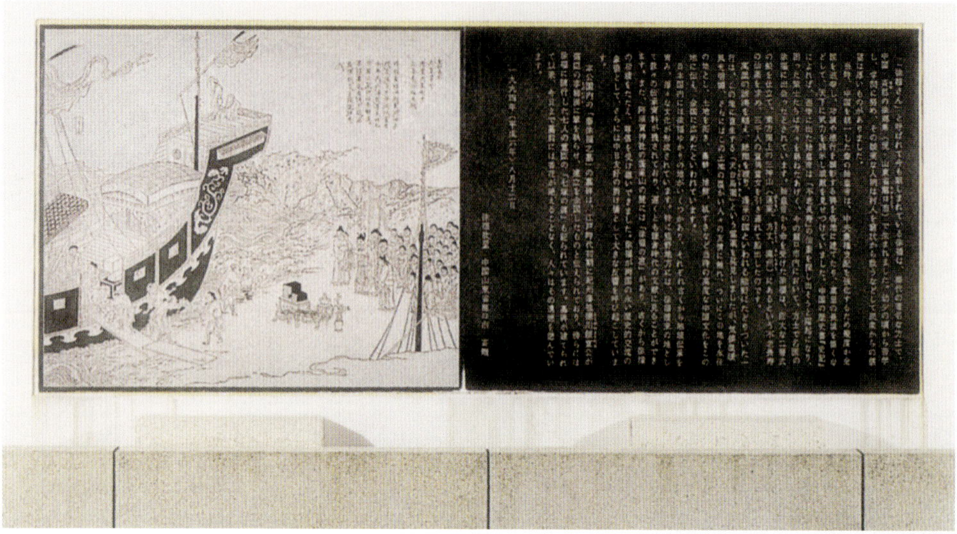

来由碑

综合史料记载和考古发现，可以得出这样的结论：徐福东渡，是中国传统文化特别是齐鲁文化向海外的一次大传播，是中日韩第一次大规模的经济和文化交流。

在朝鲜半岛南部和日本列岛仍处于原始生活状态的那一时期，秦人徐福带领的庞大船队，沿途传播当时最先进的文化和生产技术，这无疑繁荣了中日韩海上丝绸之路，也为汉代更大规模的人员往来和文化交流拓宽了航路。

十周年访日，赠送孔子像

随着历史的发展，儒学需要吸收时代营养不断更新。但是，儒学的一些优秀传统，仍然在中国及日本等东亚国家发挥着重要影响。以相近的文化基因为基础进行的文化交流，使得山东省与日本和歌山县正在从儒家文化中辨识出更多的共同语言。

1994年，山东省与和歌山县结好10周年孔子像揭幕式

日本著名汉学家、日本东北大学名誉教授金谷治认为，日本自古以来就受到孔子的极大的影响，获益颇深，以日本江户时代的儒学振兴为基础，近年以来孔子的思想对于日本的现代化产生过很大作用的说法，也颇为流行，记载孔子言论的《论语》如今仍在日本受到广泛推崇，而这些情况恐怕不止在日本存在。

山东是孔子的故乡，也是儒者的摇篮。在日本，古代大学寮庙堂里祭祀的孔子像是从中国传来的画像，或是将其进行

1994年，山东省省长赵志浩访问和歌山，向对方赠送孔子像

临摹的画像。然而由于现存史料的限制，其具体模样并不清楚，只能通过后世流传的释奠图来推测其外貌。

除了日本本土设计制作的孔子像，从中国直接传来的孔子像也作为祭祀对象发挥着巨大的影响力。除了吉备真备带到日本的孔子画像，中国制造的孔子像也不在少数，如朱舜水带来的三尊孔子像、安放在白木圣庙的清朝传来的孔子像等。各式孔子像及相关的记述、临摹图不断流入日本，在此过程中，日本人对孔子像的外貌进行了甄选，并逐渐加入自己独特的理解，创造出了不同于中国的孔子像。

明治后期，日本文部省管辖的汤岛圣堂制作了3000尊孔子像，并在孔子祭典中将其分发给了包括中国、朝鲜代表在内的众多人士。

孔子曾发出“登泰山而小天下”的感叹，在山东与和歌山的交往中，山东省曾于1995年寄赠和歌山博物馆玉石孔子像。时至今日，在两国友好交往的历史细节之中，孔子像成为中日关系新气象的见证者。

这尊孔子的玉像，是在山东用玉石雕刻而成，作为山东省与和歌山县的友谊象征被赠予了和歌山县。据说，这尊玉像还是当时世界上最大的孔子玉像。

孔庙

孔子思想在当今世界依然有很大影响力，是中日两国文化的共同点。子以四教：文、行、忠、信。在千年荟萃的礼乐圣地、儒家文化的摇篮——孔子故里曲阜，诸多来自日本的各方人士于此“问道与力行”，似乎穿越于中日两国的历史之间，实则是对中日关系如何兴利除弊、行稳致远的问道之举和深沉之思。

2010年3月25日，日本青年友好使者代表团和歌山县分团、学术分团及司法分团共计137人来曲阜市进行学习考察。代表团一行参观了世界文化遗产孔府、孔庙、孔林，并在阙里宾舍听取了曲师大骆承烈教授的儒家讲座。

骆教授以“走进孔子”为主题，围绕当今全球文化传播阐述了儒家文化的深远意义，结合世界安全局势说明了孔子天下大同、求大同存小异的治国理念，联系青少年学习讲述了孔子有教无类、学而不厌、不耻下问等教育思想。

2017年5月17日，日本和歌山县旅行商、媒体组成的旅游交流团一行14人来曲阜市考察旅游资源。

考察团先后游览了世界文化遗产孔庙、孔府、孔林景区和尼山圣境，拜谒了巍峨的孔子像；在儒家文化主题酒店阙里宾舍品尝了孔府菜，观赏了古乐舞表演；游览了明故城鼓楼大

2010年，日本青年友好使者访问团到曲阜市学习访问

街、五马祠街等。曲阜市深厚的儒家文化底蕴，辉煌的古代建筑，淳朴的民俗民风，深深吸引着同样笃信儒家思想的日本考察团成员。

由于日本深受儒家文化影响，对孔子十分敬仰，曲阜市也成为日本游客最为向往的中国旅游目的地之一。考察团成员对于能亲临文化巨人孔子的家乡参观朝拜，倍感荣幸。

2017年5月，由日本和歌山县旅行商、媒体组成的旅游交流团先后游览了世界文化遗产孔庙、孔府、孔林景区和尼山圣境（组图）

2023年8月16日至21日，山东省邀请日本和歌山县、下关市、木更津市、足利市、泉佐野市及大阪府等地的青少年共67人访问济南、青岛、泰安、济宁，并与山东师范大学、曲阜师范大学、山东财经大学师生开展友好交流（组图）

日本和歌山县是山东省友好省县，为进一步促进两省县旅游交流，双方商定互相组织旅行商、媒体到对方省（县）实地考察。日本历来是曲阜市重要的入境旅游市场，此次考察活动对进一步在日本宣传曲阜市丰富的文化旅游资源，深度开发日本客源市场具有重要推动作用。

尼山书屋

《源氏物语》创作于11世纪的日本，可谓紫式部蘸着泪水写成，伤春悲秋，清丽典雅，沁溢着日本文化的独特美。同时，这部小说亦显示了日本文化与中国文化的历史渊源。

紫式部好白居易诗，串联《源氏物语》全书的古体诗，诉离恨别怨，叹身世飘零，“相逢方知时日短，生生世世别恨多”，“露草蛛丝萦萦绕，风吹丝断飘零零”，从中可以感受到《长恨歌》《琵琶行》的神韵。

诗歌之外，《礼记》《战国策》《史记》《汉书》等中国典籍的影响更为深入。日本吸收和融合中国文化的表现，绝不限于《源氏物语》，汉字、儒学、律令制度等等，举凡皆是。3世纪末，中国儒家典籍《论语》便传至日本。其后，日本建立五经（易、诗、书、礼、春秋）博士交代制度。

日本的大化改新，是以中国的律令制度为样板的。日本多次向中国派遣遣隋使、遣唐使，随行的有许多留学生和求法僧。吉备真备、阿倍仲麻吕是日本留学生中最著名的代表。吉备真备在中国留学多年，回国后，在太学教授中国律令、典章制度，广泛传播了中国文化。奈良时代，日本仿照中国创立了自己的教育制度，中央设太学，地方设国学，置博士、教授、助教，教授中国律令、经学、音韵、文学、书法等，促进了日本文化的繁荣。

在和歌山县前知事仁坂吉伸看来，每个地方都有属于自己的独一无二的景致，它们并不是一种相互冲突或者竞争的关系；恰恰相反，正是因为“不同”，所以才有吸引外地人前来旅游观光的价值和可能。

曾经，当被问到这一想法是否和中国儒家“和而不同”理念相通时，仁坂吉伸说日本的知识分子或多或少都受到儒家思想的影响，这是由日本长期以来的历史传统所决定的；而他本人算是受影响比较深的，因为他名字里的“仁”就是从儒家思想的“仁学”中来的。

仁坂吉伸曾阐述过他对汉字“人”的理解。在他看来，汉字“人”的写法包含了一种深刻的理念，即“一个人必须得到其他人的支持和扶助才能成为人”。人和人之间相处应该是这样，国与国、地区与地区之间相处同样应该这样。这种彼此之间互通相扶的理念或许可以一直追溯到“徐福东渡”的那个年代。

近年来，山东省正奋力谱写以文促旅、以旅彰文新篇章，在国际交流合作方面亦是如此。

值得一提的是，尼山书屋作为国际品牌，整合国内外资源，根据线上线下共同推进的路径，以“走出去”变“走进去”为根本点，依托尼山书系、尼山国际讲坛、尼山国际出版、尼山国际展演和尼山国际教育，不断探索打造中华优秀传统文化传播发展新模式。尼山书屋以图书为纽带，架起了一座文化交流的桥梁，成为展示山东形象、介绍中国文化和齐鲁特色文化的一个重要窗口。2013年7月，马耳他中国文化中心“尼山书屋”正式揭牌。

2024年4月19日，山东省与日本和歌山县结好40周年活动举行。活动中，山东出版集团董事长张志华与和歌山县国际交流协会局长北山彻共同为“中华文化之角·尼山书屋”揭牌，并向日方赠送了山东人民出版社出版的《儒典》精选版，日方回赠感谢函。此次揭牌的尼山书屋位于和歌山县国际交流协会。多年来协会一直致力于推动中日民间友好交流，中方捐赠的图书将有助于日本当地民众更好地了解真实的中国、感受底蕴深厚的中国文化。

远远不止于此，山东省与和歌山县通过建立友好学校，互派文化、体育代表团以及举办文物展等多种形式，开展了

2024年4月19日，山东出版集团董事长张志华与和歌山县国际交流协会局长北山彻共同为“中华文化之角·尼山书屋”揭牌

尼山书屋部分图书
（组图）

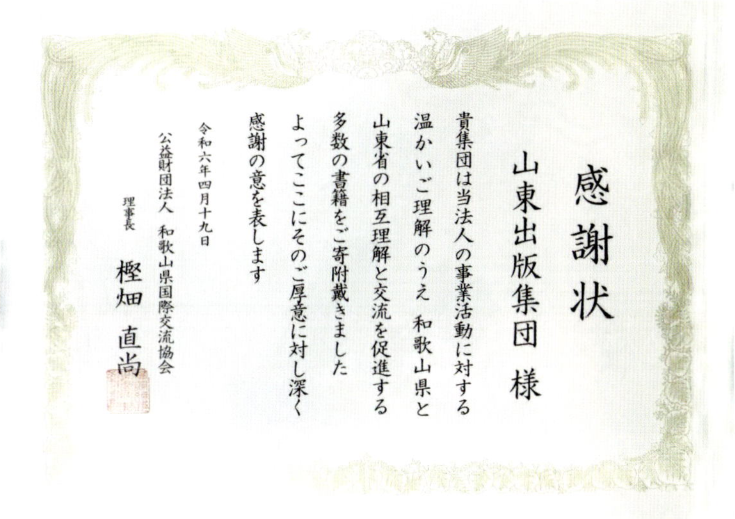

感謝状

山東出版集団 様

貴集団は当法人の事業活動に対する
温かいご理解のうえ 和歌山県と
山東省の相互理解と交流を促進する
多数の書籍をご寄附戴きました
よってここにそのご厚意に対し深く
感謝の意を表します

令和六年四月十九日

公益財団法人 和歌山県国際交流協会
理事長 樫畑 直尚

日方回赠感谢状

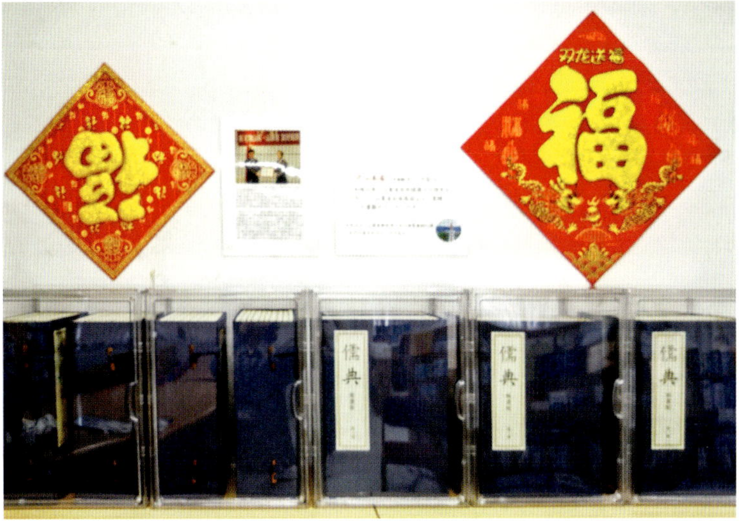

尼山书屋《儒典》

内容丰富的交流合作，促进了双方文化教育领域的共同发展。2013年9月，山东省文物局在和歌山县成功举办了黄河泰山展，展出了众多山东省贵重文物。山东省多次面向日本和歌山县线上推介山东黄河文旅资源。在友好省县的框架下，山东省与和歌山县在经贸、旅游、文化等领域的交流合作进展顺利。

“岁月两千玉帛，春秋八十干戈”，漫长的中日文化交流史，将因中国的崛起而绽开更加绚丽的花朵。多渠道的来往、多视野的观察，山东省与和歌山县不断加强着文化交流的深度。

多样艺术形式的交流

2008年，滨州市与日本和歌山县纪之川市结为友好城市，双方一直保持多频次的互动交流。

2023年，和歌山新报社对滨州阳信的黄河大集作了报道，让日本民众能够了解中华优秀传统文化，对宣传阳信作了很多推动，并将和歌山新报社负责印制的明信片放在阳信摆放、宣传。

2023年6月21日，滨州“中日线上文化交流会”举行。

雨の中もパワー全開
4年ぶり　みやこ姫よさこい祭
子どもの豊かな身体性育成へ
今年も甘くおいしいよ
ひとりじめ出荷始まる
陽新県の特色ある「黄河大集」を通じて生活の雰囲気を楽しむ
—中国山東省探訪—
県内企業の出展募集
しんぽう写真館

和歌山新报社对黄河大集的报道

阳信县委宣传部新闻科主任李新睿、尚禾株式会社夏木哲也、和歌山新报社西井章人、澎聚传媒姜迪等共同出席了本次会议。

李新睿向参会的各方介绍了阳信中日文化交流相关工作的进展情况。李新睿介绍，就此前沟通的日本风景明信片问题，可以考虑与阳信部分旅行社或展厅进行合作，投放明信片。

此次由和歌山新报社负责制作的明信片正面以日本风景为主题，反面则设计为详情介绍，通过照片和网站二维码的形式，带领大众走进日本和歌山县。

李新睿特别表示，阳信方面期待日方可以尽快将明信片寄过来，以便在阳信尽快投放、铺开，让美丽的日本风光能够随明信片的油墨飘香至更多大众身边。

和歌山新报社西井章人首先对“和歌山县知名景点海外明信片”作了介绍。和歌山县属于日本关西地区，2025年同属于关西地区的大阪市将举办世博会。借助世博会的契机，和歌山县政府非常希望能够在海外宣传本地的风土人情，希望更多的外国人能到当地旅游，和歌山新报社负责印制的第一批明信片预计近期寄出，最快下个月能够到达滨州。

2023年7月24日，滨州市阳信县开展“中日线上文化交流会”

2023年7月24日上午，滨州市阳信县“中日线上文化交流会”召开，滨州市阳信县新时代文明实践指导中心主任、县委宣传部办公室主任陈瑞，县委宣传部新闻室主任李新睿，以及日本和歌山新报社西井章人、日本尚禾株式会社王圣恩出席会议，双方在会议上就宣传推广、互寄明信片等事宜展开了友好交流。

和而不同，美美与共。

2024年1月24日，一场别开生面的中日线上文化交流活动在滨州市阳信县成功举办。此次活动汇聚了中日双方的文化使者，共同探索和交流两国文化的深厚底蕴。

中国方面，滨州市阳信县委宣传部新闻科主任李新睿和阳信县委宣传部精神文明建设办公室主任魏忠林出席了会议。日本方面，纪之川本吉设备株式会社代表木南晴夏、和歌山新报社事业部主任西井章人以及尚禾株式会社代表王圣恩参与了交流。

木南晴夏代表日方对阳信县赠送的剪纸等礼品表示衷心感谢。李新睿介绍了中国剪纸艺术的起源及其在中国传统文化

中日双方交流剪纸文化

中的深远意义。他详细阐述了剪纸作为一种独特的艺术形式，如何通过一把剪刀和一张纸，巧妙地表达出人们丰富的想象力和对生活的美好愿景。

和歌山新报社事业部主任西井章人和尚禾株式会社代表王圣恩对展示的《一帆风顺》剪纸表现出浓厚兴趣。魏忠林则进一步解释了这个成语背后的深刻寓意。当看到精美的《十二生肖》剪纸时，与会者无不被剪纸艺人巧夺天工的技艺所震撼。

此次线上交流活动，以剪纸为媒介，加深了两国之间的文化交流与相互理解。通过分享和探讨剪纸艺术，中日双方增进了友谊，为未来的合作奠定了基础。

随着春节的临近，日方代表向中方表达了节日祝福。中方对此表

滨州黄河大集

示感谢，并回以美好的祝福。双方均表示期待未来有更多机会继续交流与合作，共同推动中日文化关系的发展。

当下，滨州市正在探寻文化“两创”路径方面积极进取，聚焦于这座城市的“非遗”文化宝藏，例如博兴布老虎、沾化枣木雕刻等“手造”产品更是蜚声海内外，成为传统文化赋能发展，助力乡村振兴的样板。下一步，滨州市将前往日本布展，以非遗产品、农产品、美食等核心产品为代表，在展会上带领日本民众体验滨州独特的风土人情和浓厚的文化氛围，触摸这座千年古城的文化脉搏。

行而不辍，未来可期。站在新的起点，以明信片遥寄友谊，相信与日本的深度沟通合作，将成为滨州全市上下塑造全面开放新格局的重要注脚。

民间交往

国往来贵在有故事，无数友好人士共同续写新时代两国人民友好的故事，为中日友好播下了友谊的种子。国之交在于民相亲。从过去到现在，中日民间的友好交往从没有中断，山东省与和歌山县人民在交往中结下了深厚的情义，也为中日关系打下信任的根基。

“老熟人”山崎宏——两地结好的民间推动者

以心交，才能收获信任。在山东省与和歌山县交往过程中，山崎宏的故事因真情而格外动人。这位老人在推进双方友好交流的点滴，唤起了中日两国人民的共同记忆。

山崎宏，1908年出生于日本冈山县的一个医学世家，祖上三代都是汉医（日称），而且都是红十字会员。从医科大学毕业的山崎宏，接过父亲的衣钵，开起了汉方医馆。

1937年，卢沟桥事变爆发，日本全面侵华。日本在全国境内征兵，山崎弘作为一名随军兽医，后随第10师团踏上了中国的土地，随军队转战上海、天津。

不过和其他人不一样，作为一名医生，山崎宏不喜欢战争，希望能回到日本的家，因此，他决定从天津向东逃亡。在模糊的记忆里，他记得山东半岛最东面离日本近，可以找机会回家。因此，他一路乞讨，中国人给他饭吃，给他水喝，也算是捡条命一路走到了山东济南。在济南，他发现自己逃兵的身份很难回到日本，干脆隐姓埋名，以日本侨民身份在济南铁路局找了一份库管员的工作。

尽管手上没有直接沾染中国人的血，但毕竟是日本人，于是他决定做一些实实在在的事情帮助中国人民，也为日本向中国人民赎罪。于是，山崎宏在济南开了一家诊所，并与从河北唐山逃难到济南的女子成家。

1945年日本战败投降之后，山崎宏没有选择回去，而是继续留在济南，试图以给穷人免费看病的方式将功补过。

日本和歌山市打算与济南市结成友好城市。山崎宏回日本探亲，日方希望他作为中间的牵线人，促成友好城市。这个想法令山崎宏很高兴。他自掏路费，频繁往返于两座城市，还专门为此致信时任日本首相中曾根康弘，表达希望致力于中日民间友好的想法。

1983年1月11日至23日，济南市友好访问团一行7人，赴和歌山市友好访问，并举办两市缔结友好城市关系的签字仪式。山崎宏自费回日本，参加了1月14日举办的仪式。中曾根康弘后来给他回信，送给他手题的“大道无门”4个字。山崎宏认为，“大道无门”是鼓励他沿着自己的意愿走下去。

1984年，和歌山县发给山崎宏一份感谢状，表彰他为推进山东省与和歌山县友好交流所作的贡献；1998年，日本冈山县也因山崎宏为中日友好作出的贡献给他送去感谢状。

山崎宏从日本先后募集到上万册科技图书，捐献给了济南市图书馆，另外给当地的卫生院带回来第一部心电图仪器。

1983年，济南市与和歌山市缔结友好城市，山崎宏（右一）参加仪式

山崎宏将日本政府发给的养老金全部捐出，并在2008年汶川地震时捐款4000元。

山崎宏老人去世后，自愿捐献遗体，永远留在了中国。

山崎宏收到日本政府赠予的感谢状（组图）

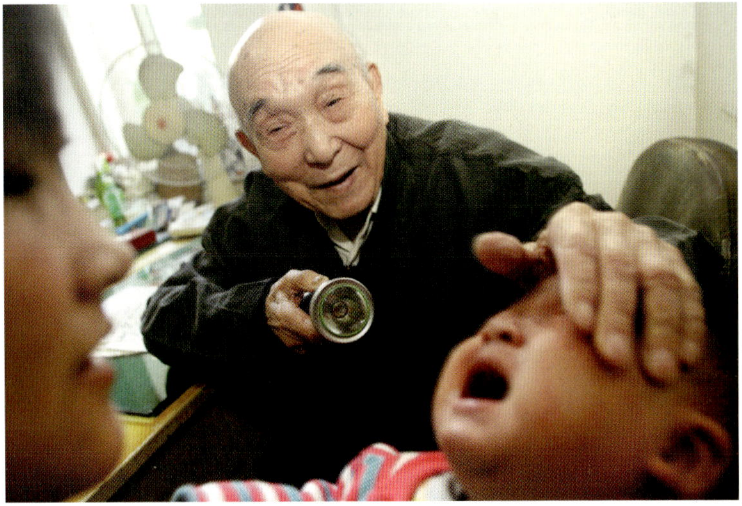

2009年，山崎宏在为小患者诊疗

老一辈人的友好交往故事鼓舞人心。目前，不少青少年也像他们一样，把友谊的火炬传下去，为两国人民的友好未来尽一份力。

贵志八郎

日本前国会议员、和歌山县日中友好协会会长贵志八郎先生从20世纪50年代就致力于日中友好，在他的热情推动下，和歌山市与济南市、和歌山县与山东省、桥本市与泰安市相继建立了友好关系。

1985年，应日本和歌山县日中友好协会会长贵志八郎、和歌山县日中友好协会妇女委员会委员长稷本花的邀请，以省妇联副主任吴亮亭为团长的山东省妇女访日友好代表团一行5人，于6月4日至13日访问了日本和歌山县。这支访日友好代表团是为了进一步发展两省县人民和妇女之间的友好关系而被派出的第一个妇女代表团。双方都很重视，日方作了周到的安排，接待十分热情友好。访日友好代表团在和歌山县拜会了县厅、市府、日中友好协会，县厅知事仮谷志良以及和歌山市市长助理、公室长、教育长、市会议长等都亲自接见，并致欢迎辞。

在和歌山县，代表团访问参观了儿童科技馆、发明馆、花王工厂、海中水族馆、畜产试验厂、野生动物园、近畿大学水产研究所、能源中心、和歌山市中央卸売市场、纪三井寺中日友好之碑、徐福庙等，并与和歌山县日中友协妇女委员会的成员和白浜各界妇女代表就妇女组织的状况，妇女的生活、工作、婚姻家庭等问题进行了交流。代表团出席了有1500多名代表参加的和歌山市第34届妇女大会。代表团利用这些场合，宣传了发展中日友好的重要性，宣传了妇女之间的友好交往对发展中日友好、建设国家、建立美满幸福家庭的作用。

这次访问达到了增进友谊、加深了解、互相学习、广交朋友的目的，对促进发展两省县和两省县妇女之间的友好合作关系，产生了积极的影响。

2010年5月19日，以贵志八郎为团长的和歌山县残疾人事业接洽团到泰安访问，游览了泰山、岱庙。

对话养老服务

赵朴初先生有诗云：“生固欣然，死亦无憾；花落还开，水流不断。”正如诗句所言，生命是个自然过程。每一个个体生命都会经历婴儿、儿童、少年、青年、中年、老年，而在年轻力壮时，对今后尚未经历的阶段特别是年老体衰很难有切身体会。

和歌山文化协会与山东老年大学举办友好交流会

中国老龄化进程正在加速，与此同时，由于经济发展、养老服务体系的滞后，提前进入老龄化社会又让中国面临“未富先老”“未备先老”的窘境。和中国一样，日本当初也是迅速跨入老龄化社会，是世界上老龄化程度很高的国家。这个“长寿大国”“古稀之乡”是如何面对老龄化课题的呢？

和歌山县是山东老年大学传统而重要的文化交流合作伙伴，在山东省人民政府外事办公室、和歌山县国际课的大力支持下，

2014年以来，山东老年大学先后派出公务团8批26人次、游学团6批近200名老年大学学员赴和歌山县开展友好文化交流。

其中，2014年山东老年大学跟随山东省交流协议团访问了和歌山县，借助友城议会力量，推动两省县间老年文化交流。2015年，山东老年大学派出首个学员交流团赴和歌山县，与御坊市民大学进行文化交流。2019年3月，山东省与和歌山县结好35周年纪念活动在日本和歌山县召开。山东老年大学文化交流团参加了纪念大会，双方老年人分别进行了才艺展

2019年3月，山东老年大学文化交流团参加两省县结好35周年纪念活动

示，历时1个多小时。日方学员表演了大正琴、太极拳、草裙舞、东京五轮音头舞蹈等节目，展现了日本传统文化的独特魅力；山东老年大学学员表演了旗袍秀、太极拳、芭蕾舞《天鹅湖》、合唱《北国之春》《同一首歌》等节目，弘扬了中华优秀传统文化。双方的精彩表演赢得了阵阵掌声。演出后，中日双方学员互赠纪念品，愉悦交流，进一步加深了彼此之间的了解和感情。学员游学活动为学校进一步扩展国际交流、扩大游学规模、丰富游学形式打下了坚实的基础。

其间，和歌山县访问团也多次到访山东老年大学。2023年，时值山东老年大学建校40周年，和歌山县政府国际担当参事冈泽利彦先生和和歌山市公民馆联络协议会会长岩桥延直先生相继发来贺信。2023年10月，和歌山县企划部部长前昌治一行3人到山东老年大学进行文化交流，前昌治表示，中国幅员辽阔，山东老年大学通过远程教育教学模式把老年教育送到老年人身边的做法非常成功，学员们良好的学习状态和优异的学习成果给他留下深刻印象。山东老年大学与和歌山县多年的友好交流有力促进了两地老年群体的相互认识和理解，希望下一步双方能进一步加强交流合作，共同推动老年教育事业规范、快速发展。

2023年，和歌山县访问团到山东老年大学学习访问

在山东—和歌山友城框架下，山东老年大学与和歌山县“有质量、可持续”的老年文化交流活动丰富了友城交流内涵，拉近了双方人民的感情，宣传推广了老年教育办学经验与成果，传播了中华优秀传统文化尤其是老年文化，为双方合作交流、共享发展提供了平台机遇。下一步，山东老年大学也将积极推动组织实施，巩固拓展与有关国家政府机构、老年教育组织的友好合作关系，进一步探索学员国际游学线路，丰富和

中日两国老人交流学习(组图)

拓展学员国(境)外游学工作，主动发出“山东老年教育好声音”，展示推广“山东老年教育好经验”。

作为老年人口大省，山东省和和歌山县在养老方面的合作也在逐步加深。例如，自2004年开始，山东青年政治学院依托商务日语等专业，与日本和歌山外国语专门学校、京都西山短期大学等高校建立了密切合作关系。每年选派学生赴日实习、就业或升学深造，开展文化、学术交流。之后还将陆续选派师生赴日学习，共同开展中日养老人才合作项目。

率先进入少子高龄化社会的日本的养老经验和教训，对于建立和发展适合我国国情的养老体系，具有重要借鉴意义。

疫情防控期间的互助与交流

“青山一道同云雨，明月何曾是两乡。”2020年2月20日上午，20箱印有“山东加油”字样的医疗物资从省红十字会备灾仓库运往我省三家医疗机构。据悉，该批医疗物资全部由日本和歌山县捐赠。

新冠病毒感染发生以来，和歌山县一直关心关注山东省疫情防控情况，提出为山东省捐赠医疗物资，支持山东

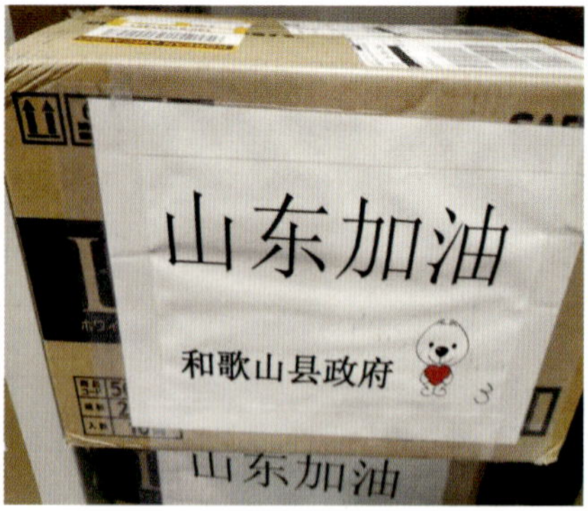

2020年2月，和歌山县向山东省捐赠的医疗物资，上面写着“山东加油”字样

省疫情防控工作。此次，和歌山县向山东省共捐赠5万只医用手套。

日本和歌山县向山东致慰问视频——“山东加油，中国加油”。日本和歌山县国际课向山东省发来慰问视频，和歌山县将与山东人民一起，争取早日战胜病毒，共商美好合作未来。

“满载一船明月，平铺千里秋江。”2020年3月22日，一箱箱写有这句诗的捐赠物资在济南启运，飞往日本和歌山县。这不禁让人联想到宋朝诗人张孝祥的作品《西江月·黄陵庙》：

疫情防控物资捐赠

满载一船明月，平铺千里秋江。
波神留我看斜阳，唤起鳞鳞细浪。
明日风回更好，今朝露宿何妨。
水晶宫里奏霓裳，准拟岳阳楼上。

宋孝宗乾道四年（1168）秋八月，张孝祥离开湖南长沙，到达湖北荆州任职。这首词是他在赴任途中所作。他在给友人黄子默的信中说："某离长沙且十日，尚在黄陵庙下，波臣风伯，亦善戏矣。"黄陵庙在湖南湘阴县北的黄陵山。相传山上有舜之二妃娥皇、女英庙，故称黄陵庙。可见张孝祥在赴任途中曾为风浪所阻，然而他的用意不是在正面描绘汹涌澎湃的波浪，而是着眼于波臣风伯的"善戏"。

这句诗在这里表达的也是山东对日本和歌山县的美好祝愿，希望友城早日战胜疫情。

日方雪中送炭，捐赠而来的战"疫"物资上，也标注有一行很有意蕴的字："山川异域，风月同天。"

山东省与和歌山县1984年缔结友好省县关系，新冠病毒感染发生以来，和歌山县第一时间为山东捐赠了医疗物资。投我以桃，报之以李，山东省捐赠3万只普通医用外科口罩给和歌山县，这不仅凝聚着中日两国人民的千年情谊，也表达了双方希望将这种千年情谊继续下去的美好祝愿。

为了践行东城逸家小学"根植民族传统文化，打造国际理解教育特色，丰富教育品牌文化内涵"的办学理念，培养学生的国际视野，2021年3月4日上午，济南市高新区东城逸家小学与日本和歌山县宫北小学开展了线上交流活动，借助云端相会的形式，播撒中日友谊。

活动中，山东省人民政府外事办亚洲处处长纪彩云，济南市高新区发展保障部教育和体育办公室华逢瑞，东城逸家小学校长史峰虹、书记张宜峰，宫北小学校长道本美月、教

2021年3月，山东省—和歌山县小学线上交流会

务主任阪口博纪，和歌山县国际课课长冈泽利彦，和歌山县国际课班长山下善夫以及两校百余名学生代表参与了本次线上交流活动。

日本和歌山县宫北小学道本美月校长与东城逸家小学史峰虹校长先后致辞。双方分别介绍了各自学校的情况。

2021年3月，东城逸家小学与宫北小学线上交流

东城逸家小学学生表演古筝

宫北小学学生创编的大鼓表演

双方学生代表为本次交流活动献上精彩的表演。东城逸家小学学生代表通过婀娜柔美的舞姿、余音绕梁的古筝弹奏展现着中华文化的特色。他们舞姿轻盈，身轻似燕，身体软如云絮，如花间飞舞的蝴蝶；灵巧的手指缓缓拨动细细的琴弦，优美的音符一个个轻快地跳出，勾勒出一曲古典之韵。日本小学生带来了创编的大鼓表演，节目中融合了日本民族特色的打击乐器，传神地展现了日本传统民族艺术。

艺术的火花在交流和展示中碰撞。表演结束后，双方学生代表围绕将来的梦想、中日两国流行的事物、学校中发生的印象深刻的事情等主题进行发言。

最后，中日两国学生代表就自己感兴趣的问题进行了自由交流。虽然不同国度的文化有所差异，但孩子们相似的兴趣拉近了屏幕两端彼此的距离，贴近了彼此的心。中日友谊的种子在两国少年儿童心中播撒。

交流和艺术连接了两国儿童，使孩子们互相了解各自不同的生活以及文化，实现了精神上的艺术碰撞，进一步助推中日两国的友好合作。

济南外国语学校开元国际分校秉持“根植民族传统文化，打造国际理解教育特色，丰富教育品牌文化内涵”的办学理念，在山东省人民政府外事办以及济南市教育局国际处的帮助下，2022年3月1日上午，与日本和歌山县清水小学开展了线上交流活动。

活动在中日小学生们友好的问候中拉开帷幕。首先，双方校长先后致辞，希望通过积极互动，促进彼此友谊，共同进步！接下来，中日学生进行了学习分享。

清水小学各年级的学生以项目式学习的方式从各个角度分别向开元师生分享了他们的学习成果，如儿童游戏、当地特产、街道探险、世界遗产、水环境问题等。日本学生们清晰讲解，让开元师生对日本的学校生活有了更多的了解。

2022年3月，济南外国语学校开元国际分校与日本和歌山县清水小学展开线上交流（组图）

开元国际分校的学生代表则对山东文化、学校课程、学校活动以及寄宿生活进行了讲解。从传统文化到学校生活，开元学子向日本师生进行了全方位的介绍，促进日本师生了解山东古老的文化，更了解开元这所现代化寄宿制学校学生的学习与生活。

开元国际分校的晨之声陶笛乐团为大家演奏了《哆啦A梦》。开元国际分校的师生展示了中国传统剪纸，红灯笼象征

晨之声陶笛乐团演奏《哆啦A梦》

着阖家团圆、事业兴旺、红红火火，象征着幸福、光明、活力、圆满与富贵，也期待两地的小学生增进彼此了解，了解不同的文化，共同进步，共同提高。

艺术的火花在交流和展示中碰撞。孩子们热情的态度拉近了屏幕两端的距离，贴近了彼此的心。中日友谊的种子在两国少年的心中播撒。友好的交流连接了两国儿童，增进了文化的了解与认同，进一步助推了中日两国的友好合作。

当今世界的发展趋势是和平、发展与合作。推进与世界所有国家包括日本的友好合作关系，是中国和平崛起的需要，也是人类共同利益的需要。山东省与和歌山县各领域的友好交流，必将继续为中日关系赢得美好的未来，为世界作出积极的贡献。

山东师范大学日语系学生在“和歌山之窗”与松下先生交谈，气氛十分热烈欢快

教育交往

大学承担着教书育人、传播文化的社会重任。山东大学和山东师范大学希望加强与和歌山县的合作，共同努力开启新时代的中日关系，努力构建东亚文化交流的重要平台。

中日两国地缘亲近、文化交融，在青少年相互理解和交流方面做成过许多精品项目，尤其山东一些学校组织的赴日教育实践活动，人员规模大、覆盖范围广、师生反响好，已成为对日学生交流的品牌项目。

友谊需要中日双方共同投入，推动两国关系发展需要加强人民友好，特别是青年之间的交流。应当说，山东省和和歌山县的友好关系希望在人民，基础在民间，未来在青年，活力在地方。通过对中国文化的学习理解，相信友谊与合作的种子一定会在青年心里生根发芽，可以更好地促进中日两国人民友好交往，把两国人民友谊一代一代延续下去。

“济南中日交流之窗”是山东师范大学与日本国际交流基金会共同主办的文化交流项目，于2013年在山东师范大学设立。2014年设立“和歌山之窗”。“两窗”现位于山东师范大

“和歌山之窗”图书角

2018年4月3日，和歌山县议会议长滨口太史参观“和歌山之窗”，并讲话

学长清湖校区文渊楼4层，拥有展示室、阅览室、事务室、照片墙、休息角5处区域，包括来自和歌山县的赠书在内，共收藏日语原版书籍4000余册，日本文化用品200余种。“两窗”面向社会开放，举办包括樱花林种植、茶道文化交流会、中日大学生交流文化节、和歌山县介绍活动、和歌山与大阪介绍主题活动等交流活动350余次，为山师师生和社会公众提供了难得的对日交流合作机遇，推动了济南和山东省的中日人文交流，已经成为区域交流合作的一张亮丽“名片”。“和歌山之

窗”作为和歌山县与山东省友好省县交流的窗口，更是发挥了重要作用。

山东师范大学与日本和歌山大学自1998年建立友好学校关系以来一直保持着密切的沟通交流。山东师范大学每年公派3名本科生前往和歌山大学进行为期一年的交换留学。

20级本科生金同学（右一）参加和歌山大学的庆典

21级本科生李同学（中）参加和歌山大学的课程

21级本科生李同学赴和歌山大学交流学习

2017年7月起，山东师范大学每年组织一次暑期赴日教育实践团项目，率领众多师生前往和歌山进行教育考察。共有来自山东师范大学各学院共160余名本科生、研究生参加了该项目。活动的目的在于推动学校的国际化交流与合作，开拓学生的国际视野。主要去往和歌山大学、和歌山外国语专门学校，

2017年7月，山东师范大学组织暑期赴日教育实践团项目

2023年7月3日，山东师范大学赴日实践团在和歌山大学交流访学

以及和歌山市的中小学和企业。赴日实践团的师生与日本大中小学生交流，学习有关日本的社会文化课程，参观日本企业，加深对关西地区文化的了解。

此外，山东师范大学还注重线上线下加强中日大学生之间的交流合作。外国语学院日语系于2020年10月25日和11月1日，分别举办了“山东师范大学与和歌山大学中日大学生线上友好交流会”。山东师范大学日语系学生与和歌山

2020年11月1日，山东师范大学日语系学生与和歌山大学学生进行线上互动交流

大学学生通过网络视频互相介绍了济南市与和歌山市的城市特色、饮食文化及传统游戏，加深了对双方的理解和彼此的友谊。

2023年8月18日下午，由日本和歌山县、下关市、木更津市、足利市、泉佐野市的21所高中和大学共60名师生组成的日本友城青少年访鲁交流营——日本友城青少年代表团走进山东师范大学长清湖校区，与山东师范大学日语系的17名师生共同交流，开展中日青年学生交流活动并参观“济南中日交流之窗”与“和歌山之窗”。

一直以来，和歌山县政府大力支持山东师范大学日语系建设，积极参与“济南中日交流之窗”及“和歌山之窗”的日常活动，并给予高度评价。来自日本和歌山县政府国际课的多位国际交流员都积极参与“济南中日交流之窗”及“和歌山之窗”的活动。

2023年8月18日，日本友城青少年代表团与中国学生一起在山东师范大学长清湖校区图书馆前合影

日本友城青少年代表团与中国学生一起演唱歌曲

2021年10月16日，和歌山县国际课交流员川口喜宽于线上举行“活力之地——和歌山”主题讲座

2021年10月16日，和歌山县政府国际课交流员川口喜宽先生应“和歌山之窗”之邀，于线上举办了“活力之地——和歌山”主题讲座。山东师范大学外国语学院日语系师生以及校内外日语爱好者近60人参加了线上讲座。

2023年8月28日上午，日本和歌山县政府国际事务参事冈泽利彦一行，在山东省人民政府外事办公室亚洲处四级调研员崔璐陪同下访问了山东师范大学，在国际交流与合作处张鸥副处长、日语系主任李光贞教授等人的陪同下，参观了“济南中日交流之窗”“和歌山之窗”，并与日语系师生进行了座谈交流。

2023年11月6日下午，日本和歌山县议会议长滨口太史一行访问山东师范大学，副校长周珊珊在千佛山校区会见客人并进行座谈。山东省人民政府外事办公室亚洲处副处长丛箫出席活动。山东师范大学外国语学院、教务处、离退休工作处、国际交流与合作处等单位负责同志参加活动。

2024年4月以来，每周四下午2：00至5：00，和歌山县政府国际课交流员松下直树先生都会来“和歌山之窗”与同学们亲切交流，帮助日语学习者提高口语实力。

此外，山东大学的师生在医药和生物领域与日本和歌山

2023年8月28日上午，日本和歌山县政府国际事务参事冈泽利彦一行参观了“济南中日交流之窗”“和歌山之窗”

冈泽利彦一行与山东师范大学师生代表合影

2023年11月6日，日本和歌山县议会议长滨口太史一行访问山东师范大学

县同样建立了密切友好的合作往来，不仅增进了双方的友谊，更为进一步拓展两校合作提供了新的方向。

2024年3月，和歌山县立医科大学师生一行到访山东大学冷冻电镜平台（生物医学结构表征中心）。2023年11月，山东大学齐鲁医学院科研与国际交流办公室副主任汤煜春率团访问日本和歌山县立医科大学，并参加2023年山东大学—和歌山县立医科大学学术研讨会，进一步拓展两校合作。2011年，日本和歌山县立医科大学校长板仓彻率代表团访问山东大学，参加山东大学—日本和歌山县立医科大学友好交流25周年庆祝活动。山东大学校长徐显明会见了代表团一行，副校长张运出席纪念山东大学—和歌山县立医科大学友好关系25周年庆祝仪式暨中日医学护理学术研讨会开幕式并致辞。

在高校层面，双方多次组织促进青少年交流学习、增进友谊的活动。日本方面对山东高校的办学成就及对日交流成果表示高度赞赏，认可驻鲁学校在国际合作中的卓越成绩，强调其作为山东省对日文化交流的领军者和重要纽带的角色。双方都期待在庆祝友好关系40周年之际，将教育和文化交流的合作进一步推向宽广，共谋发展。

环保交往

环境保护成为东亚地区迫切需要解决的问题，双方达成共识，应在多边合作的框架内，以更加积极的态度考虑具体解决方案。

日本是节能环保行业中走在世界前列的亚洲国家。针对周边亚洲国家和地区较突出的环境保护方面的问题，日本政府和企业还充分利用自身的科技竞争优势，广泛开展国际环保合作，积极推行环保产业领域的全球化战略。

中国40多年来的快速发展，基本完成了工业化，走完了发达国家需要100多年甚至二三百年的工业化之路，经历发达国家所遭遇的各种环境问题，中国的环保产业近年来有了较快发展。

关于环保这一议题，山东省在环保和推动高质量发展的课题上已经开始新一轮的“创业”。如何把理论、技术和政绩落到让老百姓自发地关注环保，日本有很多值得借鉴的东西。在时代和两国发展的大背景之下，山东省与和歌山县在环保领域不断展开对话和交流，走上一条绿色转型之路。

2007年11月20日，山东省省长姜大明与和歌山县知事仁坂吉伸在济南签署了《中国山东省与日本和歌山县友好交流关系发展备忘录》，把节能环保作为两省县在经贸、农业、文体、旅游、人员交流等方面合作的首要内容，开辟了两省县在环保领域交流合作的新纪元。在此基础上，山东省与和歌山县从2008年开始了环保交流。

值得一提的是，曾经出任经济产业省高官的仁坂，上任知事伊始就亲力亲为，致力把和“友好省县”山东省的合作关系落到实处。他说：“2007年，我刚刚当选知事，不久我就去山东访问。当时，我提出希望具体化两地之间的合作，比如在环保领域、人才培育领域、观光领域和产业领域等。之后，两地的合作就愈发实在。我认为，这是很好的事情。”仁坂认

2007年，山东省与日本和歌山县友好合作备忘录签字仪式

为，在各种具体合作领域，对中国最有帮助的应该是环保合作。和歌山县会向山东省提供经验和技术。对此，山东方面也给予了相当程度的肯定。

和歌山县自2008年至2013年，每年接收山东省环保研修生，并派出环保专家赴山东省指导。山东省共派出6批73人赴和歌山县研修，接收5批和歌山县环保专家来鲁指导，促进了两省县间的环保交流。

2008年，日本和歌山县代表团访问山东

2008年，日本和歌山县代表团来山东学习交流

2011年起，山东省开始接收来自和歌山县的交流公务员，迄今为止已接收10位，并为其提供为期一年的友城留学生奖学金，在山东师范大学研习汉语。

庄子曰："北冥有鱼，其名为鲲。鲲之大不知其几千里也；化而为鸟，其名为鹏。鹏之背，不知其几千里；怒而飞，其翼若垂天之云。"鲲鹏大鸟，水击三千里，扶摇直上九万里。在古人看来，大海、长空，只有此神物方能超越。但在今天的交通条件下，则成"一衣带水"。要使中日两大民族实现心的接近，双方仍有相当漫长的路要走。

山东省环保研修团与和歌山县专家学者交流

2009年，山东省代表团考察东燃通用石油株式会社和歌山工厂

2010年，山东省代表团考察住友金属工业和歌山制铁所

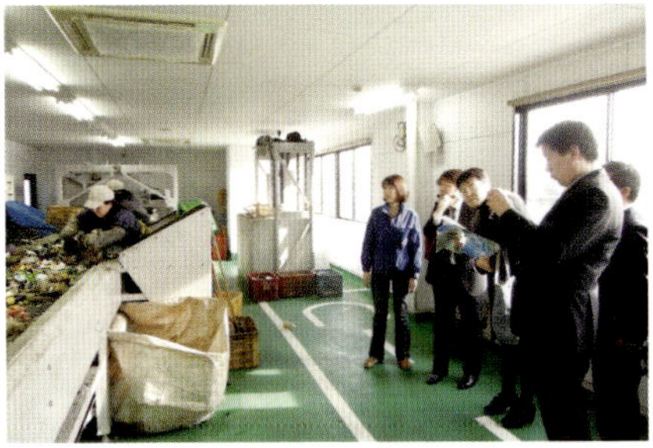

2011年，山东省环保研修团考察株式会社松田商店

2011年，山东省环保研修团访问和歌山县企业

2011年，和歌山县专家在“齐鲁讲坛”授课

2011年，和歌山县专家学者来山东学习交流

2013年，山东省环保研修团考察新日铁住友公司和歌山制铁所

2013年，和歌山县环保专家访问山东

2013年，山东省环保研修团考察关西电力公司御坊发电所

2013年，山东省环保研修团考察花王公司和歌山工厂、花王环保实验室博物馆

2013年11月，山东省环保研修团访问和歌山县

大事记

1984年

4月17日　山东省省长梁步庭率友好代表团访问和歌山县，之后与仮谷志良知事共同出席山东省—和歌山县缔结友好省县关系签字仪式。

8月19日至24日　以仮谷志良知事为团长、松木计一议长为副团长的和歌山县友好访华团一行16人访问山东。

1987年

3月17日至29日　山东省省长李昌安率山东省政府代表团访问和歌山县。

1990年

5月13日　山东省省长赵志浩率山东省政府代表团访问和歌山县，与仮谷志良知事进行了会谈。

5月25日　以和歌山县议会议长门三佐博为团长的和歌山县议会友好访华团访问山东。山东省人大常委会主任李振会见并宴请访华团一行。

9月12日　以日本众议院议员贵志八郎为团长的和歌山县友好访华团一行13人来山东访问。中共山东省顾问委员会主任梁步庭会见了客人。

1994年

4月26日　山东省省长赵志浩在济南会见以和歌山县山东

友好都市协会会长山崎利雄为团长的第三次樱花友好访问团。

5月9日　山东省省长赵志浩在济南会见以和歌山县知事仮谷志良为团长的和歌山县政府友好代表团。

7月16日　山东省省长赵志浩率山东省政府友好代表团访问和歌山县，出席庆祝两省县缔结友好关系10周年纪念活动。

1996年

2月28日至3月6日　和歌山县农林水产部副部长吉村昌彦一行5人来山东访问，参加山东省与和歌山县结好10周年纪念活动，并向山东赠送一套生物科研设备。

3月1日　由和歌山县援建的中日友好生物工程实验楼在山东省科学院中试基地揭幕。

9月11日至20日　和歌山县旅游考察团一行访问山东。山东省副省长张瑞凤会见代表团。

1997年

3月28日至4月6日　和歌山县日中友协会长岩桥延直率少年少女合唱团、芭蕾舞团一行150人到济南访问演出。山东省政协主席、省友协会长陆懋曾会见代表团，并观看了演出。

1999年

1月28日　以和歌山县知事公室长中山次郎为团长的和歌山县友好交流团来山东访问，山东省委副书记、省长李春亭会见了代表团一行。

6月22日至29日　和歌山县文化团一行12人访问山东。山东省委原书记梁步庭、省友协会长陆懋曾会见并宴请了代表团成员。

6月29日至7月7日　山东省副省长邵桂芳率省政府代表团访问和歌山县，出席了山东省与和歌山县结好15周年纪念

仪式，参加了和歌山县举办的南纪熊野体验博览会。

7月14日　以和歌山县理事藤谷茂树为团长的和歌山县行政代表团来山东访问，拜会了山东省政府。山东省副省长邵桂芳在济南会见代表团一行。

2000年

4月11日至18日　以日本和歌山县山东省都市友好协会会长山崎利雄为团长的友好访问团一行38人访问山东，参加了庆祝山东省与和歌山县结好15周年活动。山东省副省长韩寓群会见代表团。

5月9日至19日　以山东省委副书记、省长李春亭为团长的山东省政府代表团一行17人赴和歌山县访问，并签署加强友好交流备忘录。

5月19日　以县议会议员门三佐博为团长的和歌山县观光团一行164人来山东参观访问，山东省人大常委会副主任王玉玺会见并宴请了该团。

11月15日至20日　以日本和歌山县—山东省都市友好协会会长山崎利雄为团长、县友会会长冈本保为特别顾问的友好访问团一行18人来山东访问，并向邹平捐赠了希望工程助学款。山东省人大常委会主任赵志浩会见访问团一行。

2001年

3月24日至28日　以和歌山县日中友协会长岩桥延直为团长的和歌山县日中友好代表团一行来山东访问。山东省副省长邵桂芳、省友协会长陆懋曾在济南会见代表团一行。

6月14日至19日　和歌山县知事木村良树一行应邀参加“中国山东·东北亚地方政府首脑经济发展研讨会”，并到济南、青岛、泰安、曲阜等地参观访问。山东省委书记吴官正，山东省委副书记、省长李春亭分别会见木村良树一行。

2002年

7月16日　以和歌山市副议长浅井武彦为团长、副市长松田优辉为副团长的日本和歌山市第19次友好访问团来山东访问。

8月9日至10日　“纪念中日邦交正常化30周年·中日书法友好交流展”在济南趵突泉公园展出。山口县友协、和歌山县友协代表团一行46人参加活动。山东省人大常委会副主任莫振奎出席开幕式并剪彩。

9月30日　以和歌山县议会总务委员会委员长新岛雄为团长的和歌山县议会友好考察团访问山东。山东省人大常委会副主任莫振奎在济南会见代表团。

10月10日至14日　以贵志八郎为团长的日本和歌山县残联代表团一行4人访问山东。山东省副省长梁步庭、省友协会长陆懋曾等会见代表团。

11月13日至16日　和歌山县出纳长大平胜之一行访问山东，山东省副省长林廷生会见日本客人。

2003年

10月8日　山东省副省长孙守璞在济南会见由山崎利雄会长率领的和歌山县—山东省都市友好协会访华团。

10月19日至11月3日　山东省委书记、省人大常委会主任张高丽率山东省友好代表团访问和歌山县，与木村良树知事进行了座谈。

11月19日至22日　和歌山县副知事中山次郎率友好代表团访问济南等地，考察了济南机场，与省有关部门举行了工作会谈。山东省委书记、省人大常委会主任张高丽会见代表团。

2004年

4月24日至29日　以日本前国会议员、和歌山县日中友协顾问贵志八郎为团长的日本和歌山县友好交流团访问山东。26日，山东省副省长陈延明在济南会见代表团，并代表省政府授予贵志八郎“山东省荣誉公民”称号。

5月22日至25日　和歌山县知事木村良树、议长尾崎要二率领友好交流团一行130人访问山东，出席两省县结好20周年纪念大会及黄河公园“中日友好林”纪念植树活动。山东省委书记、省人大常委会主任张高丽，山东省委副书记、省长韩寓群分别会见代表团。

10月15日　山东省委副书记、济南市委书记姜大明在济南会见以和歌山市市长大桥建一为团长、议长浅井武彦为副团长的和歌山市第21次友好访问团一行。

10月17日至18日　纪念山东省与日本和歌山县结好20周年水墨画联展暨小川华瓣水墨画展在山东美术馆举行。山东省委副书记、省长韩寓群致辞祝贺，山东省人大常委会副主任李明先出席开幕式并致辞。

2005年

4月21日　山东省副省长谢玉堂在济南会见以和歌山县山东省都市友好协会会长山崎利雄为团长的友好访华团一行。

9月23日　山东省副省长孙守璞在济南会见以和歌山县日中友好顾问、日本国会原议员、“山东省荣誉公民”贵志八郎为团长的日本和歌山县县民友好访华团一行。

2006年

10月19日至21日　以日本前众议院议员、“山东省荣誉公民”贵志八郎先生为团长，和歌山县议员门三佐博为顾问的和歌山县友好代表团一行访问山东。山东省人大常委会副主任莫振奎会见客人，并为门三佐博先生颁发“山东省荣誉公民”证书。

11月10日　山东省委副书记、济南市委书记姜大明在济南会见以和歌山市议长贵志启一为团长、副市长金崎健太郎为副团长的友好访问团一行。

2007年

10月21日至24日　和歌山市议长北野均率友好访问团一行12人访问济南。山东省委常委、济南市委书记焉荣竹会见代表团。

11月19日至21日　和歌山县知事仁坂吉伸、议长中村裕一率团访问山东。山东省委书记李建国会见代表团一行。山东省委副书记、代省长姜大明与代表团举行工作会谈，双方签署友好关系发展备忘录。

2008年

2月19日至20日　和歌山县副知事原邦彰访问山东，山东省副省长郭兆信在济南会见客人。

11月2日至6日　为庆祝济南市与和歌山市结好25周年，以和歌山市市长大桥建一为团长、副议长寒川笃为副团长的和歌山市友好访问团访问济南。山东省委常委、济南市委书记焉荣竹，济南市市长张建国，济南市人大常委会主任徐华东，济南市政协主席徐长玉会见代表团，双方签署《中国济南市与日本和歌山市深入发展友好城市关系备忘录》。

2009年

10月29日至11月2日　以和歌山市议长宇治田清治为团长、副市长畠山贵晃为副团长的和歌山市友好访问团访问济南。济南市人大常委会主任徐华东会见代表团。

11月22日至25日　为纪念和歌山县与山东省结好25周年，和歌山县议长富安民浩、副知事下宏率议会、政府、经贸代表团和日中友好协会代表团100余人对山东省进行友好访问，参加山东省—和歌山县结好25周年庆祝活动。山东省委副书记、省长姜大明会见代表团一行。

2010年

3月2日　山东省副省长才利民在济南会见和歌山县副知事下宏、议长富安民浩率领的行政、航空、旅游及经贸代表团一行。

8月10日至11日　和歌山县副知事下宏一行访问山东，山东省副省长才利民在济南会见客人。

2011年

8月9日至12日　和歌山县知事仁坂吉伸一行访问山东。山东省委书记、省人大常委会主任姜异康，山东省委副书记、省长姜大明在济南会见客人。

2014年

10月21日至24日　以议长坂本登为团长的日本和歌山县议会代表团一行10人访问山东。22日，山东省与日本和歌山县缔结友好关系30周年回顾展及和歌山县风光图片展在山东博物馆举行。山东省人大常委会副主任宋远方、和歌山县议会议长坂本登出席活动并分别致辞。

2015年

5月24日至26日　和歌山县副知事下宏一行访问山东。山东省副省长夏耕在济南会见客人。

2016年

11月17日　山东省委副书记、省长郭树清在济南会见日本和歌山县知事仁坂吉伸、议长浅井修一郎一行。

2018年

4月20日　山东省委副书记、省长龚正在济南会见和歌山县知事仁坂吉伸一行。

12月12日至19日　山东省副省长于国安率代表团访问日本，会见和歌山县知事仁坂吉伸和副知事下宏，访问了近畿大学水产研究所、和歌山县果树试验场。

2019年

3月24日至4月2日　山东省委副书记、省长龚正率山东省代表团100余人访问日本，会见和歌山县知事仁坂吉伸并出席两省县结好35周年纪念大会。

10月16日　和歌山县知事仁坂吉伸、议长岸本健率政府、议会、经贸、康养、日中友好协会代表团一行159人访问山东，出席两省县结好35周年纪念活动，山东省委书记刘家义会见代表团一行。

2020年

7月30日　“对话山东—日本·山东产业合作交流会”在济南举办，和歌山县知事仁坂吉伸线上出席活动。

2022年

4月8日　中日青少年打卡集戳拉力赛开幕式暨山东省人大—和歌山县议会视频交流会在济南举行。山东省人大常委会副主任王随莲、中国驻大阪总领事薛剑、和歌山县议长森礼子、和歌山县日中友好协会会长中拓哉线上出席活动并致辞。

8月24日　第三届“对话山东—日本·山东产业合作交流会”在济南举办，和歌山县知事仁坂吉伸与山东省委书记李干杰连线交流。

2023年

3月8日　山东省副省长宋军继率省政府代表团访问和歌山县。和歌山县知事岸本周平会见代表团一行。

11月6日　山东省人大常委会副主任范华平在济南会见日本和歌山县议会议长滨口太史。

2024年

4月19日至20日　山东省委常委、宣传部部长白玉刚率团访问和歌山县，会见岸本周平知事并出席纪念两省县结好40周年系列活动。

風月同天

——山東省・和歌山県友好提携 40 周年

『風月同天』編集委員会　編著

山東画報出版社
済南

图书在版编目（CIP）数据

风月同天：山东省与和歌山县结好40周年 / 《风月同天》编写组编著. -- 济南：山东画报出版社, 2024. 7 . -- ISBN 978-7-5474-4998-1

Ⅰ. D822.231.3

中国国家版本馆CIP数据核字第2024EC4902号

FENGYUE TONG TIAN
——SHANDONGSHENG YU HEGESHANXIAN JIEHAO 40 ZHOUNIAN

风月同天

——山东省与和歌山县结好40周年

《风月同天》编写组　编著

日文翻译　王慧荣　徐　尹　赵玉玮

日文审校　王慧荣　松下直树

项目统筹　秦　超　怀志霄

责任编辑　梁培培　张　倩　顾业平

装帧设计　李东方　苗庆东

出 版 人　张晓东

主管单位　山东出版传媒股份有限公司

出版发行　山东画报出版社

社　址　济南市市中区舜耕路517号　邮编　250003

电　话　总编室（0531）82098472

市场部（0531）82098479

网　址　http://www.hbcbs.com.cn

电子信箱　hbcb@sdpress.com.cn

印　刷　山东临沂新华印刷物流集团有限责任公司

规　格　170毫米×200毫米　32开

6.25印张　158幅图　120千字

版　次　2024年7月第1版

印　次　2024年7月第1次印刷

书　号　978-7-5474-4998-1

定　价　268.00元（全二册）

目　录

山川異域　風月同天

山東省・和歌山県の概況

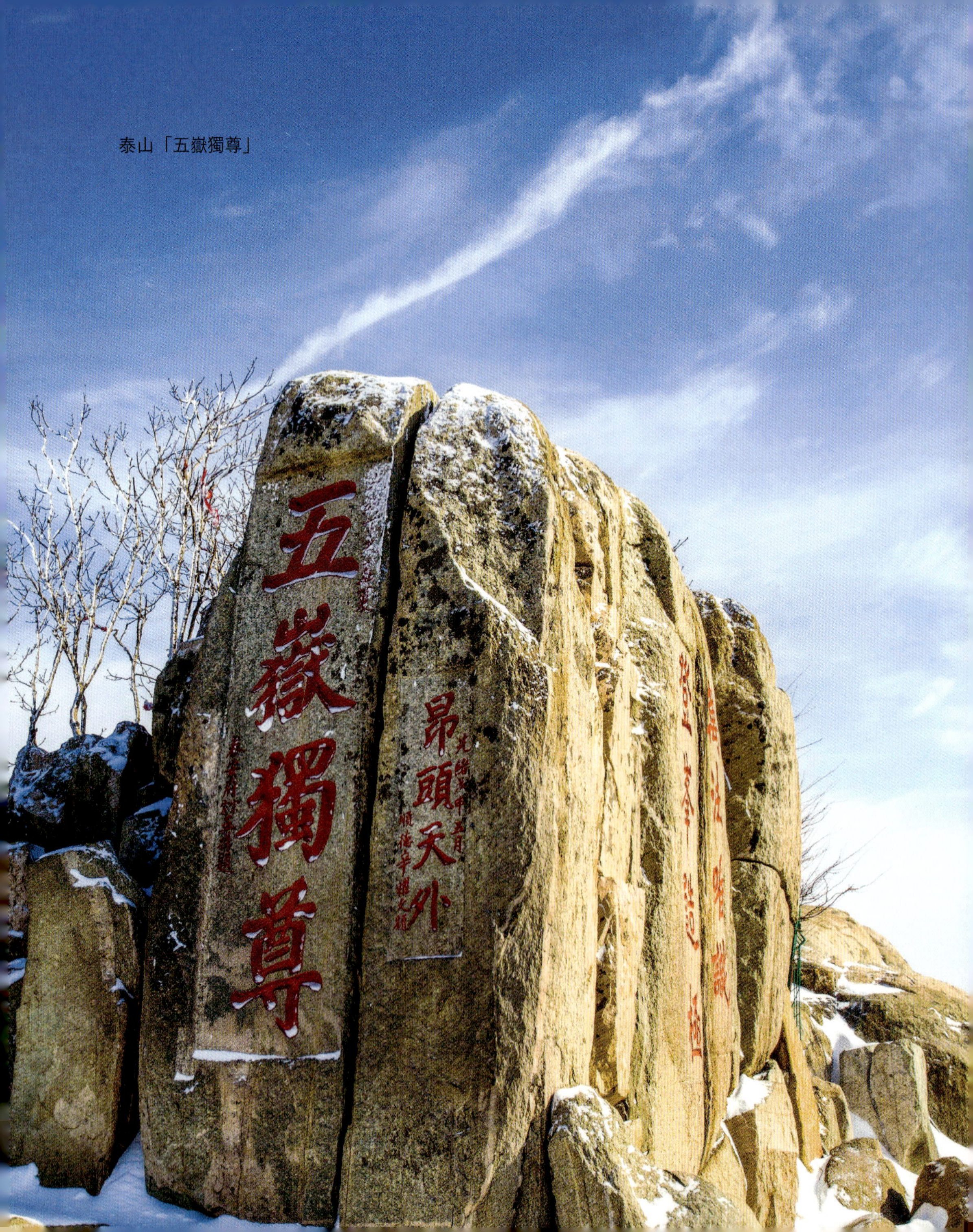

泰山「五嶽獨尊」

山東省の概況

山東省は中国東部沿海、黄河下流に位置し、壮麗な自然風景と豊かな人文景観に恵まれている。「五岳の長」と呼ばれる泰山もあれば、青島に人々を魅了する海浜風景もある。済南の趵突泉や大明湖などの泉湖景観も独特な魅力を持っている。また、曲阜の孔廟や鄒城の孟廟などの古跡は、斉魯大地の千年にわたる繁栄を物語っている。

山東省は半島と内陸部に分かれている。山東半島は渤海と黄海に突き出し、海を隔てて遼東半島に向かい合っている。内陸部は北から南にかけて河北省、河南省、安徽省、江蘇省の4省と接している。全省の陸域面積は15.58万平方キロメートル、海域面積は15.96万平方キロメートルである。省都は済南市である。

山東と言えば、最初は地理的な概念であり、主に崤山、華山、または太行山の東側の黄河流域の広大な地域を指していた。

山東は中華民族の古代文明の発祥地の一つである。現在発見されている最も古い山東人「沂源人」は、40～50万年前に生存していたとされる。新石器時代の早・中期に属する北辛文化は、今から約8000年前のものである。世界的に有名な原始社会末期の大汶口文化、竜山文化も山東で最初に発見された。西周は「封邦建国」（君主が諸侯達に土地を与え、国を作らせる）という政策を実施し、呂尚が斉の国に、周公旦が魯の国に封じら

れた。他に曹、滕、衛などの国も作らせた。斉国は「商工の業を通じ、魚塩の利を便にす。而して人民多く帰す」国であり、魯国は周文化と東方文化を融合した「礼儀の国」と称された。斉と魯は周王朝の二大支柱として、経済と文化がより早く発展し、後の山東地方の歴史に大きな影響を与えた。

古来より、山東地域は発達した農業と手工業で世に知られている。山東は中国古代文化の発祥地の一つであり、古代文化の中心でもある。ここでは優れた思想家、政治家、軍事家、科学者、文学者、芸術家が多く生まれた。

畑を通り抜ける「和諧号」列車

孔子

学問・思想の面では、孔子、孟子、顔子、曾子、墨子、荀子、荘子、鄭玄、仲長統などがいる。政治・軍事の面では、管仲、晏嬰、司馬穰苴、孫武、呉起、孫臏、諸葛亮、戚継光などがいる。歴史学の面では、左丘明、華嶠、崔鴻、馬驌などがいる。文学の面では、東方朔、孔融、王粲、徐幹、左思、鮑照、劉勰、王禹偁、李清照、辛棄疾、張養浩、馮惟敏、李開先、李攀竜、蒲松齢、孔尚任、王士禛などがいる。芸術の面では、王羲之、顔真卿、李成、張択端、高鳳翰などがいる。科学技術の面では、魯班、甘徳、劉洪、何承天、王朴、氾勝之、賈思勰、王禎、燕粛などがいる。医学の面では、扁鵲、淳于意、王叔和などがいる。彼らの思想、理論、知恵と学術の成果は中華の優れた伝統文化の重要な内容を構成し、中華の優れた伝統文化の発展に広範かつ深遠な影響を与えている。

域内の中央部には山地が隆起しており、南西部と北西部は平坦な低地で、東部は緩やかな丘陵が起伏している。これにより、山地・丘陵を骨格とし、平原と盆地が交錯して環状に配列する地形が形成される。泰山は中央部に雄大にそびえ、主峰

泰山の摩崖石刻

の標高が1532.7メートルで、全省の最高地点である。黄河三角州は2～10メートルの標高で、省内陸地で最も低い場所である。域内の地形は複雑で、大まかに平原、台地、丘陵、山地などの基本的な地形に分類されている。

村を曲がりくねって流れる黄河

域内の主要な山脈は、主に魯中南低山丘陵区と膠東丘陵区に集中している。魯中南低山丘陵区に属する山脈は主に片麻岩で構成されており、膠東丘陵区に属する山脈は花崗岩で構成されている。標高700メートル以上で、面積が150平方キロメートルを超える山としては、泰山、蒙山、嶗山、魯山、沂山、徂徠山、昆嵛山、九頂山、艾山、牙山、大沢山などがある。

山東省は水系が発達しており、自然河川の平均密度は平方キロメートルあたり0.7キロメートル以上である。主流の長さが10キロメートル以上の河川は1500以上あり、そのうち山東省内で海に注ぐのは300も超えている。これらの河川は淮河流域、黄河流域、海河流域、小清河流域、膠東水系に属し、主要な河川には黄河、徒駭河、馬頬河、沂河、沭河、大汶河、小清河、膠莱河、濰河、大沽河、五龍河、大沽夾河、泗河、万福河、洙趙新河などがある。

黄河に浮かぶ漁船

和歌山県の海浜風景

和歌山県の概況

和歌山県は静かで穏やかなところであり、小さな湾の近くに階段状に立ち並ぶ民家と海に浮かぶ小島が美しく映えている。都会の繁華とは異なり、喧騒から離れた場所として、ここには鮮やかな色彩や誇張されたフォルムで描かれた浮世絵のような雰囲気はないが、日本の伝統文化の息吹が深く宿っており、温かく力強い雰囲気がある。紀伊山地の霊場と参詣道はユネスコの世界遺産にも登録されている。

和歌山県の旧国名は紀伊で、昔の城下町の地域は「岡山」と呼ばれていた。日本語で「岡山」の発音が「和歌山」に似ているから、和歌山県と名付けられた。県のシンボルは和歌山県の頭文字「ワ」を簡潔に図案化したものである。

和歌山県は日本の三大都市圏の一つである大阪都市圏の一

部であり、日本の近畿地方に属する。日本最大の半島である紀伊半島の西南部に位置し、太平洋に面している。東は三重県、北東は奈良県と大阪府と接しており、土地面積は日本全体の1.25％を占め、第30位の広さである。

和歌山県は総延長約650キロメートルのリアス式海岸線を有する。沿岸には切り立った断崖が連なり、大小655の島々が点在している。海に面した山地が繰り返し隆起・沈降したため、

複雑な地形が形成され、古くから霊地として信仰されてきた山地を含め、奇岩や巨石が至る所に見られる。特に潮岬を中心とした南部海岸は、断崖絶壁が連なり、独特の景観を呈している。平野は少なく、紀ノ川下流域の和歌山平野および有田川、日高川河口周辺の狭い地域に限られ、大部分が山地である。そのため、和歌山は「山海の国」という美称がある。陸路や海路の交通も便利で、陸路は国道、県道、市町村道から

漁師が獲ったマグロ

マグロを捌いている料理人

成り立っている。関西国際空港から和歌山県までは車でわずか40分である。

和歌山県の気候の特徴は温暖で多雨である。沿岸部の年平均気温は約17℃で、温暖な気候に属する。山地に近い内陸部の年平均気温は12℃以下で、沿岸部と比べて気温差がある。北部地域は降水量が少なく、年間降水量が約1300ミリである。一方、南部地域は降水量が多く、年間降水量が2500ミリを超える。県全体の年間降水量は日本全国平均より低く、国内で30位に位置する。湿度は年間65%から70%で、大きな差異がない。夏季は蒸し暑く、疲れやすい季節であり、一般的に6月中旬から9月まで続く。そのうち、6月は梅雨の時期であり、雨の日が増える。冬季の気候は穏やかであり、高野山、清水、龍神のみ10センチから20センチの積雪があるが、他の地域には積雪がほとんどない。春季の4月、5月および秋季の10月、11月は気候が快適で、とても過ごしやすい時期である。

熊野古道を俯瞰する

熊野古道にあるお寺

和歌山県は森林が密集しており、木材資源が豊富である。林地面積は県全体の約77%を占める。熊野川、日高川流域を中心に、松、杉、扁柏の林が至る所に見られる。熊野川河口の新宮地区では、貯木場が随所に見られる。そのため、和歌山県の林業や家具製造業は発達しており、「木材王国」と称されている。

和歌山県の果樹、野菜、花卉などの栽培業も発達している。青梅、柿、八朔等の生産量が日本一であり、和歌山県は「果樹王国」としても有名である。また、紀ノ川、有田川や海岸に面した丘陵地帯では柑橘類が豊富に産出されているため、和歌山県は愛媛県と並んで日本最大の柑橘類の産地となり、「蜜柑王国」と呼ばれている。

和歌山県の漁業も非常に発達しており、タチウオやイセエビなどの水産物の漁獲量は日本有数である。それに、勝浦漁港は日本有名なマグロ漁獲地である。当地では、近海漁業のほかに、遠洋漁業も行われており、水産養殖業の発展にも力を入れている。

和歌山県の工業は鉄鋼、石油を中心としており、独特な化学工業、繊維、皮革加工などの産業もある。工業の大部分は和歌山市を中心とする西北部の沿岸工業地帯に集中しており、阪神工業地帯と密接に連携している。製造業は総生産額において大きな比重を占めており、日本の全国平均を大きく上回っている。特に石油、化学、鉄鋼などの基幹産業の割合が高い。南部地域には木材加工、パルプ、船舶修理などの加工企業が集まっている。伝統的な工業製品には陶器や漆器があり、海南市の黒江地区で生産される漆器は世界中に輸出されている。和歌山県の第三次産業は著しく発展しており、その中で観光業の発展が最も顕著である。

和歌山県の天守閣

善隣友好　源遠流長

山東省・和歌山県の40年にわたる友好交流の概要

和歌山県の天守閣

山東省栄城市の徐福像

和歌山県の徐福像

中日の友情は山のように高く、水のように長い。山東省と和歌山県の交流も、時を経て一層深まっている。交流の始まりは、日本と最初に関係を持った中国人である徐福に遡るかもしれない。

徐福は長い間忘れられていた天の一角にある星のようだと言った人がいる。しかし、日本の和歌山県ではこの比喩はあまり正確ではない。日本には徐福に関連する遺跡が多くあり、それぞれの遺跡の背後に美しい伝説がある。

徐福公園

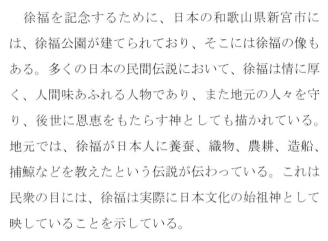

徐福を記念するために、日本の和歌山県新宮市には、徐福公園が建てられており、そこには徐福の像もある。多くの日本の民間伝説において、徐福は情に厚く、人間味あふれる人物であり、また地元の人々を守り、後世に恩恵をもたらす神としても描かれている。地元では、徐福が日本人に養蚕、織物、農耕、造船、捕鯨などを教えたという伝説が伝わっている。これは民衆の目には、徐福は実際に日本文化の始祖神として映していることを示している。

徐福の後、孫文、李大釗、周恩来、魯迅、郭沫若、廖承志、蒋百里、蘇歩青など、政治、軍事、外交、文学、科学技術のエリートたちが日本に留学し、日本の人々と深い友情を築いた。魯迅は恩師の藤野先生について次のように回想している。「だがなぜか私は、今でもよく彼のことを思い出す。我が師と仰ぐ人のなかで、彼はもっとも私を感激させ、もっとも私を励ましてくれたひとりだ。」

長い文化交流の中で、中日両国は深い友情を築いてきた。中国の文人たちは、日本の文人が海を渡り、困難を恐れずに探求する精神に対し、常に高い評価を示してきた。

徐福が東瀛に渡る図

唐の詩人、銭起の書いた詩『僧の日本に帰るを送る』はこのような感情を表現している。「上国　縁に随いて住す、来途　夢行の若し。天に浮かびて滄海遠く、世を去りて法舟軽し。水月　禅寂に通じ、魚竜　梵声を聴く。惟だ憐れむ 一灯の影、万里 眼中に明らかなるを。」

明治維新以降、情勢は大きく変わり、両国間の文化交流は中国から日本への伝播から、日本から中国への伝播へと変化した。『日本変政考』は、戊戌の変法を推進する要因の一つとなった。

日本留学から帰国した多くの若き学者たちは、中国の政治、軍事、文学などの革新のリーダーや中核となり、その中には秋瑾、魯迅、周恩来、蒋百里などの優れた人物が含まれていた。周恩来は「大江　歌罷めて　頭を東に掉け、邃密なる群科　窮れる世を済わん。面壁十年　壁を破らんと図り、酬われ難くして海に投ずるも　また英雄なり」という詩を書いたことがある。

友情の小舟がいかにして巨大な船となるのか。その答えはもちろん、友好協力と多方面

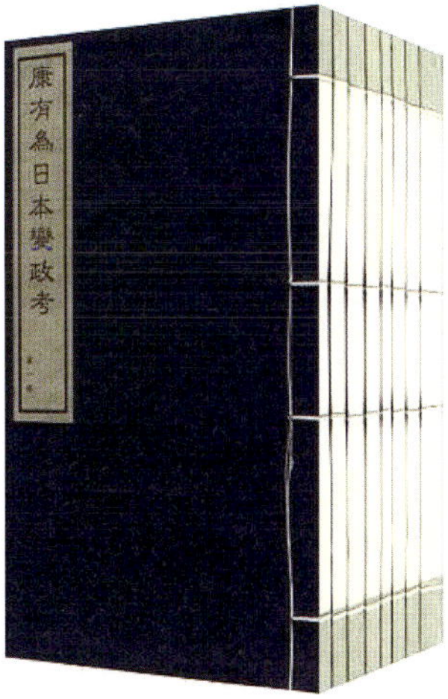

『康有為日本変政考』の書影

の努力によるものである。

山東省と和歌山県の友好協力も、当然のことながら両国の善隣友好を基盤とし、互恵共栄と共同発展の方向に沿って、風を切って前進し続けている。

習近平国家主席は2015年開催された中日友好交流大会で行った講演において、次のように述べた。「中日は一衣帯水で、この2000年余り、平和と友好が両国人民の心の主旋律であり、両国人民は互いに学び合い、参考にして、それぞれの発展を促し、また人類文明の進歩のため重要な貢献をしました。」「両国の一

世代前の指導者が高い政治的知恵で重要な政治的決断を行い、さまざまな困難を乗り越え、中日国交正常化を実現し、平和友好条約を締結し、両国関係の新たな時代を開きました。廖承志氏と高碕達之助氏、岡崎嘉平太氏ら有識者は積極的に奔走し、多くの活動をしました。」

日本では、廖承志は「勲一等旭日大綬章」を追授され、中国と同様に「廖公」と尊称されている。逝去後、彼と親子二代で親交があった宮崎世民は、「中日の友好関係の発展を語ろうとするなら、廖公を抜きにしては語ることはできません。彼

は日本の表と裏を熟知していたからです」と、廖氏を称えた。日本の鈴木善幸元首相も、「廖承志氏と先に亡くなられた周恩来氏は、日本国民の心の中に永遠に銘記されています。両氏は日中両国の友好事業に献身し卓越した人物です」と、高い評価を与えた。

廖承志は中国国民党の重鎮である廖仲愷と何香凝の息子であり、1908年東京に生まれた。幼少期は両親とともに中国大陸、中国香港、東京を転々とした。廖仲愷が暗殺された後、彼は国民党を離れて日本に留学した。

当時の廖承志は情熱に満ち溢れた青年であり、日本で多くの志を同じくする仲間たちと出会い、様々な団体や先進的な思想にも触れた。絶え間ない試行錯誤の中で、彼は中日の社会、文化、経済生活を深く理解するようになり、後に中日外交に携わる際の確固たる基盤となった。

黄浦江の岸に停泊している緑と白のツートンカラーの「明華号」は、まるで祝祭日のように装飾されており、「中日友好之船訪日団」の巨大な横断幕が高々と掲げられている。甲板の周囲や船体の上に掲げられたカラフルな旗が風に揺らめいている。

1978年に中日平和友好条約が締結された。翌年、廖承志は600人余りを率いて、1万トン級の船「明華号」で日本を訪れ、

夜の「明華号」

日本の民衆から熱烈な歓迎を受けた。これにより中日友好の新たな高まりが巻き起こった。この訪問は人数が多く、範囲も広く、活動も大衆的であり、両国民の友好関係をさらに深めた。この友情の船は多くの人々に「廖公の船」と呼ばれている。

さて、その歴史に戻ろう。桜が咲き誇る季節に、廖承志は当時の首相である田中角栄に特別で意味深い贈り物をした。それは首相が中国に贈った桜の木から摘み取った葉で、中日友好の木が既に北京に根をおろし、枝葉が茂っていることを示し、両国の友情の木が永遠に青々と茂ることを象徴している。この訪問団は中日国交正常化後、中国が日本を訪問した最初の大規模な代表団であり、日本の政界と民間に強い反響を呼び起こした。

27日間にわたるこの訪問では、「中日友好之船」は日本列島

を一周し、10の日本の港に寄港し、合計33の都道府県を訪れ、日本の各業界の約千のプロジェクトを見学した。旧友に再会し、新しい友好関係も築いた。廖承志が詠んだ「船に乗って一周し、友好は千年に」という言葉は、この訪問の真実の写しであると言える。

あの時代において、中日関係の重大な転機には常に廖承志の姿が見えた。いかなる重要な瞬間や核心的な問題においても、彼は常に立ち上がり、中日国交と善隣友好のために全力を尽くし、重要な政策と決定において重要な役割を果たしていた。

日本和歌山県那智勝浦町で、地元の桜が満開

「明華号」は1962年にフランスで建造されたクルーズ船で、総トン数が1400トン以上、9階建てで総面積が13471平方メートルある。この巨大な船には輝かしい歴史がある。1962年に進水した際には、フランスの大統領シャルル・ド・ゴールによってテープカットが行われた。その後、世界100以上の国の港に寄港し、各国の首脳や世界的に有名な人約100人がこの船に乗ったことがある。

1973年にこのクルーズ船は中国に購入され、「明華号」と命名された。1979年に廖承志を団長とする代表団がこの船に乗って日本を訪問したため、「中日友好之船」とも呼ばれている。

海上で21年間航行した後、1983年8月に「明華号」は最後の航行任務を終え、深セン蛇口港に到着した。整備と改造を経て、中国初のホテルと娯楽施設を兼ね備えた総合的な海上観光センターとなった。翌年の1月24日に鄧小平は蛇口工業地帯を視察し、9階建ての「明華号」に乗り、「海上世界」という四文字を書いた。

その後まもなく、1984年4月18日に、山東省と和歌山県は友好提携を締結した。

和歌山市には紀三井寺という古い寺があり、唐の高僧である為光上人が開いたものである。1979年に中日平和友好条約が締結された際、当時中日友好協会会長を務めた廖承志は和歌山県日中友好協会に「中日友好、千年萬年」と書いた書を贈り、和歌山県日中友好協会が募金を募り、建立した。紀三井寺に設置すると決めた。和歌山県日中友好協会は紀三井寺でこの記念碑を建立し、毎年顕彰式典を開催している。その後、この貴重な友情は地元の人々に大切に守られ、現在まで続いている。

紀三井寺

2006年に仁坂吉伸が初めて和歌山県知事に当選し、最初の訪問先は中国の山東省であった。2010年に仁坂吉伸は再選に成功し、再び最初の訪問先は山東省であった。

日本の元国会議員、和歌山県日中友好協会の元会長の貴志八郎は、20世紀50年代から中日友好に尽力してきた。彼の熱心な推進の下、和歌山市と済南市、和歌山県と山東省、橋本市と泰安市は次々と友好関係を結んだ。2004年に当時和歌山県日中友好協会の顧問を務めていた貴志八郎は、山東省から「山東省栄誉公民」の称号を授与された。

「中日友好千年萬年」記念碑

中日友誼櫻花林

2022年4月8日に駐大阪総領事館は山東省人民政府外事弁公室、和歌山県庁国際課と共同で、中日友好スタンプラリーin関西を紀三井寺で開催した。山東省と和歌山県がこのイベントの最初の訪問先となった。

2023年10月14日に方煒副総領事は和歌山県の紀三井寺を訪れ、「中日友好千年萬年」記念碑の顕彰式典に出席し、挨拶を行った。方炜は「『中日友好千年万年』は千年にわたる中日友好交流の歴史を示しているだけでなく、世代を超えた中日友好への美しい期待と強い信念をも表しています。双方は中日平和友好条約締結45周年を契機に、友好の伝統を引き続き発揚し、『中日友好千年万年』の信念を堅持し、両国民の相互理解と友好感情の増進にさらに貢献することを望みます」と述べた。

過去40年間、山東省は和歌山県に200余りの訪日代表団を派遣し、合計4000人以上が訪問した。両省県の様々な分野における交流と協力が促進され、両国および両省県の人々の理解と友好が深まった。

両省県の友好関係の促進により、山東省と和歌山県では3つの市レベルの友好都市提携が結ばれた。

この前、新型コロナウイルス感染症の世界的な蔓延に伴い、国際交流は非常に困難になっていた。このような状況で、双方は過去千年以上の中日交流の悠久の歴史を振り返りながら、引

き続き交流を促進し、両国間の絆をさらに強化することを期待している。

現和歌山県知事の岸本周平はかつて山東大学経済学院で客員教授を務めていた、山東省からの訪問団との会見時には、済南での生活の思い出を感慨深く回想した。

物語は今なお続いている。中日は一衣帯水の関係にあり、2000年にわたる友情の歴史がある。「劫波を渡り尽くして兄弟あり、相逢いて一笑すれば恩仇泯ばん。」この詩句は、中日関係の波乱に富んだ歴史を描き、両国の人々が友好関係を回復し発展させる美しい願いを託している。現在も、無数の人々は中日の未来における「相逢いて一笑する」を目指して絶えずに努力をしている。山東省と和歌山県の交流は言うまでもなく両国の友情に色鮮やかな一筆を加えた。

中日両国の関係は風雨を乗り越え、2024年に再び重要な岐路に立っている。2024年4月19日から20日にかけて、山東省委員会常務委員兼宣伝部長の白玉剛は代表団を率いて和歌山県を訪問し、岸本周平知事と会見し、両省県友好提携40周年を記念する一連の活動に出席した。

2018年10月26日に習近平国家主席は釣魚台国賓館で日本の安倍晋三首相と会見した際に次のように述べた。中国と日本は隣国であり、両国の利益は高度に融合している。世界の主要エ

2024年4月、山東省委員会常務委員兼宣伝部長の白玉剛が山東省と和歌山県の友好提携40周年記念活動に出席

2024年4月19日、山東省・和歌山県友好提携40周年記念植樹

コノミーとして、また重要な影響力をもつ国家として、中日関係の長期的で健全かつ安定的な発展は、両国国民の根本的利益に合致するものであり、アジア地域と国際社会がともに期待するところでもある。

山東省と和歌山県の交流はそれを前提として、「寄り添い合い」による全方位の協力を実現し、文化交流を多面的に展開している。

中日文化交流の先駆者及び探険家である徐福の渡来は、当時の中国人民の勇気と知恵を示した。両国民の友情は歴史を超えて今日に至り、新しい時代においても両国民の友好の物語を共に綴っている。

現在、山東省と和歌山県の交流は、政治、文化、民間、教育、環境保護などの分野で雨後の筍のように次々と展開している。各分野の友好関係者は、お互いのつながりを見つけ出し、より多くの実務的な協力を進める努力をしている。

泰山の雲海

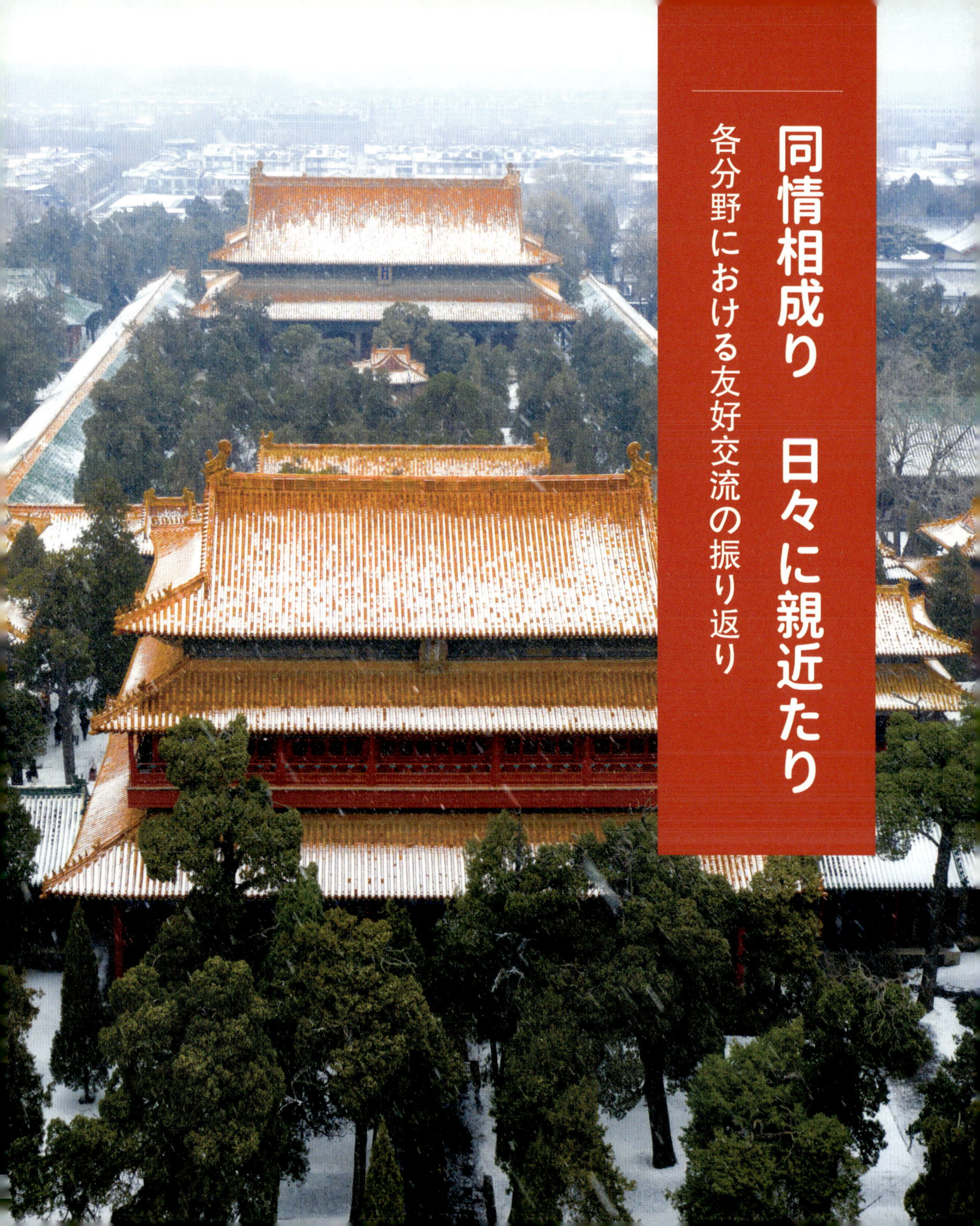

同情相成り　日々に親近たり

各分野における友好交流の振り返り

大成殿内に掲げられている「万世師表」「斯文在兹」の扁額

政治分野の交流

双方のハイレベル交流は頻繁であり、政治的な相互信頼も絶えず強化されている。

40年間にわたり、山東省と和歌山県は緊密な交流を継続しており、政府、地方および民間の交流メカニズムが円滑に機能し、双方は協力する新しい道を次々と創出している。双方の政府指導者の戦略的なリードと共同の努力により、新たな協力は絶えず進展を遂げている。

1984年4月18日、山東省省長梁歩庭が友好代表団を率い和歌山県を訪問

1984年4月17日に当時の山東省省長の梁歩庭が友好代表団を率いて日本の和歌山県を訪問した。18日に山東省・和歌山県の友好提携締結調印式が和歌山県和歌山市で行われた。省長の梁歩庭と県知事の仮谷志良はそれぞれ代表して協定書を調印し、山東省と和歌山県の友好交流の扉を開いた。

1984年4月18日、山東省省長梁歩庭が友好代表団を率いて和歌山県を訪問し、山東省・和歌山県友好省県締結協定書を調印

1984年、友好提携記念植樹

これは単なる協定書の調印にとどまらず、歴史の交差点でもある。未来において、山東省と和歌山県はこの友好の象徴のもとで共に歴史の新章を開いていく。

1984年、仮谷志良知事と梁歩庭省長との会見

1984年8月、山東省訪問団が和歌山県を訪問

1984年5月、仮谷志良知事が山東省を訪問

「念々に忘れなければ、必ず答えがあり。」1984年8月19日から24日にかけて、山東省人民政府の招待に応じて、仮谷志良知事を団長、松本計一議長を副団長とする和歌山県友好訪者団一行16人が山東省を訪問し、双方向の交流が行われた。

1984年5月、仮谷志良知事が来訪

1995年、和歌山県議会議長の門三佐博が「和歌山県日中友好の翼」訪問団を率いて来訪

1999年、木村良樹知事が来訪

1999年、李春亭省長が来訪の木村良樹知事と協力覚書を調印

1999年、和歌山県日中交友協会が山東省を訪問

2004年5月、孫守璞副省長が木村良樹知事の率いた友好交流団を出迎えた

2004年4月24日から29日にかけて、日本の元国会議員、和歌山県日中友協顧問の貴志八郎を団長とする日本和歌山県友好交流団が山東省を訪問した。26日、副省長の陳延明が済南市で日本の訪問者たちと会見し、山東省政府を代表し、貴志八郎に「山東省栄誉公民」の称号を授与した。

2004年5月、韓寓群省長と和歌山県知事が会談紀要を調印

5月22日から25日にかけて、和歌山県知事の木村良樹と議長の尾崎要二の率いた友好交流団一行130人が山東省を訪問した。山東省委員会書記兼省人民代表大会常務委員会主任の張高麗、山東省委員会副書記兼省長の韓寓群はそれぞれ日本からの訪問団と会見した。韓寓群省長と木村良樹知事は両省県の協力交流

2004年5月、張高麗書記が木村良樹知事と会見

会談紀要を調印した。22日、済南市の山東大厦で山東省・和歌山県友好提携20周年記念大会が開催され、張高麗と尾崎要二は出席し、韓寓群と木村良樹はそれぞれ挨拶を行った。済南市の黄河公園で「中日友好林」記念植樹が行われ、双方は山東を代

2004年、友好提携20周年「中日友好林」記念植樹

表する泰山の松と日本を代表する桜を植えた。平和の種が根を下ろし、芽を出し、花を咲かせ、実を結ぶこと、友誼の木が深く根を張り、青々と茂り続けることを願った。

2004年10月9日から10日にかけて、「2004山東中日文化祭」が済南市で開催された。日本の山口県、和歌山県、福岡県、徳島県、宮崎県から来た各界の友好関係者250名以上が文化祭に参加した。10月15日に山東省委員会副書記兼済南市委員会書記の姜大明は済南市で、日本の和歌山市市長の大橋建一を団長、議長の浅井武彦を副団長とする和歌山市第21次友好訪問団一行と会見した。

2006年10月19日から21日にかけて、日本の元衆議院議員、「山東省栄誉公民」の貴志八郎を団長、和歌山県議会議員の門三佐博を顧問とする和歌山県友好代表団が山東省を訪問した。山東省人民代表大会常務委員会副主任の莫振奎が訪問団と会見し、門三佐博に「山東省栄誉公民」の称号を授与した。

2006年11月10日に山東省委員会副書記兼済南市委員会書記の姜大明が済南市で和歌山市議長の貴志啓一を団長、副市長の金崎健太郎を副団長とする友好訪問団一行と会見した。

2007年10月21日から24日にかけて、和歌山市議長の北野均が率いた友好訪問団一行12人が済南市を訪問した。山東省委員会常務委員兼済南市委員会書記の焉栄竹が代表団と会見した。

2007年11月、仁坂吉伸知事が来訪

2007年11月19日から21日にかけて、和歌山県知事の仁坂吉伸と議長の中村裕一の率いた代表団が山東省を訪問した。山東省委員会書記の李建国が代表団と会見した。山東省委員会副書記兼代理省長の姜大明が代表団と会談を行い、双方は友好協力覚書を調印した。

2007年11月、李建国書記が仁坂吉伸知事と会見

2008年2月19日から20日にかけて、和歌山県副知事の原邦彰が山東省を訪問し、副省長の郭兆信は済南市で訪問者と会見した。

2008年11月2日から6日にかけて、済南市・和歌山市友好提携25周年を祝うために、和歌山市市長の大橋建一を団長、副議

2007年11月、山東省と和歌山県が友好協力覚書を調印

長の寒川篤を副団長とする和歌山市友好訪問団が済南市を訪問した。山東省委員会常務委員兼済南市委員会書記の焉栄竹、市長の張建国、市人民代表大会常務委員会主任の徐華東、市政治協商会議主席の徐長玉が代表団と会見し、双方は友好都市関係の覚書を調印した。

2007年、山東省と和歌山県の企業商談会（組写真）

2009年、山東省観光局と和歌山県商工労働部が協力覚書を調印

2009年10月29日から11月2日にかけて、和歌山市議長の宇治田清治を団長、副市長の畠山貴晃を副団長とする和歌山市友好訪問団が済南市を訪問した。市人民代表大会常務委員会主任の徐華東が代表団と会見した。

2009年、和歌山で開催された友好提携25周年記念孔子切り絵展

2009年11月22日から25日にかけて、山東省・和歌山県友好提携25周年を記念するために、和歌山県議長の富安民浩と副知事の下宏が議会、政府、経済貿易代表団および日中友好協会代表団100人以上を率いて山東省に友好訪問をし、山東省・和歌山県友好提携25周年の記念行事に出席した。山東省委員会副書記兼省長の姜大明が代表団一行と会見した。

2010年3月、下宏副知事が代表団を率いて山東省を訪問

2010年3月2日に副省長の才利民が済南で和歌山県副知事の下宏と議長の富安民浩が率いた行政、航空、観光および経済貿易代表団一行と会見した。

2010年、下宏副知事が率いた代表団が来訪し、済南ー関西線定期便就航を祝賀

2010年、済南市で催された山東航空済南ー関西線定期便就航慶祝式

2010年、王軍民副省長が和歌山県の仁坂吉伸知事と会見

2010年8月10日から11日にかけて、和歌山県副知事の下宏が率いた一行が山東省を訪問し、副省長の才利民は済南市で会見をした。

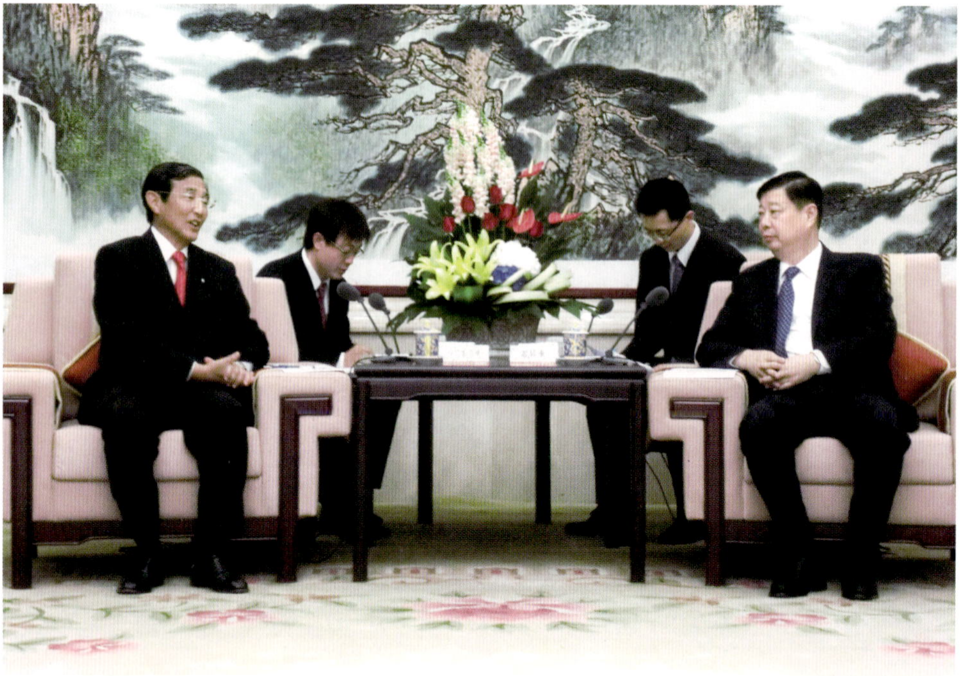

2011年8月、姜異康書記が来訪の仁坂吉伸知事と会見

2011年8月9日から12日にかけて、和歌山県知事の仁坂吉伸が率いた一行が山東省を訪問した。山東省委員会書記兼省人民代表大会常務委員会主任の姜異康、山東省委員会副書記兼省長の姜大明は済南で会見をした。

2011年8月、姜大明省長が来訪の仁坂吉伸知事と会見

2014年8月、李栄副主任が代表団を率いて、和歌山で開催された友好提携30周年の回顧展と写真展の開催式に出席

2014年10月21日から24日にかけて、議長の坂本登を団長とする日本和歌山県議会代表団一行10人が山東省を訪問した。22日に山東省・和歌山県友好提携30周年の回顧展および和歌山県風景の写真展が山東省博物館で開催された。山東省人民代表大会常務委員会副主任の宋遠方と和歌山県議会議長の坂本登が出席し、それぞれ挨拶を行った。

2018年12月14日、于国安副省長が和歌山県を訪問し、和歌山県の仁坂吉伸知事と会談

2015年5月24日から26日にかけて、和歌山県副知事の下宏一行が山東省を訪問した。副省長の夏耕は済南で会見をした。

2016年11月17日に山東省委員会副書記兼省長の郭樹清が済南市で日本和歌山県知事の仁坂吉伸と議長の浅井修一郎一行と会見した。

2018年4月20日に山東省委員会副書記兼省長の龔正が済南市で和歌山県知事の仁坂吉伸一行と会見した。

2018年12月15日、于国安副省長が和歌山県果樹試験場を訪問

2018年12月12日から19日にかけて、副省長の于国安が代表団を率いて日本を訪問し、和歌山県知事の仁坂吉伸および副知事の下宏と会見し、近畿大学水産研究所と和歌山県果樹試験場を訪問した。

2018年12月15日、于国安副省長が近畿大学水産研究所を訪問

2019年3月、龔正省長が和歌山県を訪問し、仁坂吉伸知事と会談

2019年3月24日から4月2日にかけて、山東省委員会副書記兼省長の龔正が100人以上の山東省代表団を率いて日本を訪問し、和歌山県知事の仁坂吉伸と会見し、両省県友好提携35周年記念祝賀会に出席した。

2019年3月、龔正省長が和歌山県を訪問し、山東省・和歌山県友好提携35周年記念祝賀会に出席

2019年、友好提携35周年記念祝賀会（一）

2019年、友好提携35周年記念祝賀会（二）

2019年、友好提携35周年記念祝賀会（三）

2019年10月16日、和歌山県知事の仁坂吉伸と議長の岸本健が率いた政府、議会、経済貿易、健康福祉、友好協会代表団一行159人が山東省を訪問し、友好提携35周年の記念活動に出席した。山東省委員会書記の劉家義が代表団一行と会見した。

2023年3月、宋軍継副省長が和歌山県を訪問、岸本周平知事と会談

2020年7月30日、「対話山東一日本・山東産業協力交流会」が済南市で開催され、和歌山県知事の仁坂吉伸がオンラインで出席した。

2022年4月8日、中日青少年スタンプラリー大会の開幕式および山東省人民代表大会ー和歌山県議会オンライン交流会が開催された。山東省人民代表大会常務委員会副主任の王随蓮、中国駐大阪総領事の薛剣、和歌山県議会議長の森礼子、和歌山県日中友好協会会長の中拓哉がオンラインで出席し挨拶を行った。

2022年8月24日、第三回「対話山東ー日本・山東産業協力交流会」が済南市で開催され、和歌山県知事の仁坂吉伸と山東省委員会書記の李幹傑がオンラインで交流を行った。

2023年3月8日、山東省副省長の宋軍継が代表団を率いて和歌山県を訪問した。和歌山県知事の岸本周平が代表団一行と会談した。

2023年11月6日、山東省人民代表大会常務委員会副主任の范華平が済南市で日本和歌山県議会議長の濱口太史と会見した。

2023年12月、済南市・和歌山市友好提携40周年を記念する写真展が開催された。この活動は双方の市民交流の促進に寄与し、両市の友好協力の次なる素晴らしい40年の幕開けとなった。

2024年は山東省・和歌山県友好提携40周年である。4月19日から20日にかけて、山東省委員会常務委員兼宣伝部長の白玉剛が代表団を率いて和歌山県を訪問し、岸本周平知事と会談し、友好提携40周年記念事業の活動に出席した。

2023年12月、済南市・和歌山市友好提携40周年の写真展

2024年4月、山東省・和歌山県友好提携40周年の記念祝賀会

2024年7月に岸本周平は和歌山県訪問団を率いて山東省を訪問する。

2024年は中日平和友好条約締結46周年に当たり、山東省と和歌山県もこれを契機に、各種のハイレベル政府間交流活動を通じて理解を深め、信頼を強化し、新時代の要求に合致する中日関係の構築を推進している。

2024年4月、山東省委員会常務委員兼宣伝部長の白玉剛と和歌山県日中友好協会会員の赤井一昭との記念写真撮影

2024年4月、友好提携40周年記念植樹

孔林「万古長春坊」

文化分野の交流

中日両国は「一衣帯水」の隣国と称され、この四字熟語は中国南朝の歴史を記録した『南史』にある隋文帝が南朝の陳を攻撃する記述から由来している。

ユーラシア大陸の東側に位置する中国と日本は、海を隔てて向かい合っており、地理的な近さによって、両国の天然的つながりと人的・文化的交流の長い歴史が生み出された。『漢書』には、「楽浪海中に倭人あり。分かれて百余国を為す。歳時を以って来たり、献見すと云う」と記されている。『後漢書』には既知の二国間で最も古い年代の公式な往来が記されており、東漢光武帝中元二年(57年)に倭奴国が貢ぎ物を奉じて朝賀し、光武帝が印綬を授けたとある。魏晋南北朝から隋唐時代にかけて、「倭国」から古代律令国家「日本」への発展の過程において、中国は大きな影響を与えた。特に、日本は中国文化を学ぶために、7世紀初頭から9世紀末にかけて、四回の遣隋使と十数回の遣唐使を派遣した。これにより、中日文化交流は最も盛んな時期に入り、中国文化は世界特に東アジアに重要な影響を与えた。

今日、中国の発展に伴い、中日文化交流の双方向性がさらに明確になり、両国にさらなる文化的な豊かさがもたらされるだろう。

徐福——歴史の長い中日友好交流

徐福に関する最古の歴史記録は、漢代司馬遷の『史記』に見られる。『史記・秦始皇本紀』には、「斉の人徐市ら言う、海中に三神山あり、蓬莱、方丈、瀛洲と曰い、仙人これに居る。童男女と之を求むることを得ん。そこで秦始皇は徐市を童男童女数千人と共に海に送り、仙人を求めさせた。」「方士徐市ら海に入りて神薬を求む、数歳得ず、費え多し、譴められんことを恐れ、乃ち詐りて曰く、蓬莱の薬得べし、然れども常に大鮫魚の苦しむ所と為る。故に至ること得ぎりき。願わくは善く射るものを請いて与に倶せん。見われなば、則ち連弩を以て之を射ん。」と記されている。

また、『史記・淮南衡山列伝』には、「また徐福をして海に入り神に異物を求めしむ。還りて偽辞をなして曰く、臣海中に大神と見える。言いて曰わく、汝は西皇の使かと。臣答えて曰く、

蓬莱山

然り。汝何を求む。曰く、願わくは延年益寿薬を請う。神曰く、汝秦王の礼薄し、観るを得るも取るを得ず。即ち従いて臣東南蓬莱山に至り、芝成宮闕を見る、使者あり銅色にして龍形、光上って天を照らす。是において臣再拝して問いて曰く、宜く何を以って献に資すべきや。海神曰、令名男子若しくは振女と百工之事を以てせば、即ち之を得ん。秦の皇帝大に説び、振男女三千人を遣わし、之に五穀の種、種百工を資して行かしむ。徐福平原広沢を得、止りて王となりて来らず。」と記されている。

『史記』以降、『三国志・呉志・孫権伝』『後漢書・東夷列伝』などの史書にも、徐福が日本に渡った記載がある。後代の詩人たちも徐福を題材に多くの詩を詠んでおり、例えば唐代詩人李白の『古風・秦王掃六合』には「徐市載秦女、楼船几時回」(徐市秦女を載せ、楼船いつの時にか帰らん)と詠まれている。

宋代の欧陽修の『日本刀歌』には、「其先徐福詐秦民、采薬淹留丱童老。百工五种与之居、至今器玩皆精巧」(其の先徐福秦の民を詐り、薬を採ると淹留して丱童老いたり、百工五種之れとともに居り、今に至るまで器玩皆精巧)という詩句があ

徐福像と不老の池

新宮本社末社図

り、徐福が日本社会の文明進歩に果たした役割を高く評価している。元・明・清各代においても、徐福が日本に渡ったことを題材とした詩作は多く作られた。

日本における徐福の物語や伝説は、上記の中国史書や詩篇の記載と描写から影響を受けている。五代後周の僧侶である義楚が著した『釈氏六帖』（別名『義楚六帖』）には、中国に来た日本僧人の弘順が述べた話に基づき、徐福がどのようにして日本に渡ったか語られている。その中には、「秦の時、徐福が五百童男と五百童女を連れて此の国に至り、今の人々は長安の人の如くなり。……

徐福は此の地に至り、蓬莱と謂い、今もその子孫は皆秦氏と曰う」とある。はやくも中国の五代時代には、徐福に関する物語が既に日本でかなり普及しており、中国に逆輸入されていたということが分かる。

秦の始皇帝が不老不死の薬を求めるために、徐福に命じて海を渡り蓬莱仙境を訪ねさせ、その結果徐福が日本に渡ったというのは、おそらく中国人の公式な渡航に関する最も古い伝説であろう。正史には記載がないものの、伝説によれば、現在の日本新宮市付近の海岸——熊野灘が徐福一行の上陸地で、その後徐福は新宮市に定住したそうだ。

彼らは地元の日本人に耕作方法、製紙法、捕鯨術などを伝授し、那智勝浦の天満一帯で生産される紙は「徐福紙」とも呼ばれている。和歌山県には「蓬莱山」と呼ばれる山があり、徐福に関連する遺跡とされている。現在の新宮駅付近には「秦徐福の墓」と刻まれた墓塔もある。

和歌山県で最も有名なのは、阿須賀神社にある灌木「天台烏薬」である。興味深いことに、名からわかるように、天台烏薬の原産地は中国浙江省台州市の天台山である。『本草綱目』には、「烏薬、天台の出る者を以て勝なり」と記載されている。徐福が沿海で薬草を探していた時、一度天台山に立ち寄ったことがあったそうだ。ここは仙人が現れると伝えられる仙山であ

徐福の墓

七塚の碑

絶海中津の歌碑

塚町の重臣碑

天台烏薬

天台烏薬の葉

天台烏薬の根茎

り、長生きする薬草が生える所でもあるとされたのだ。徐福は天台山で天台烏薬を見つけ、天台烏薬散、烏金丸、烏薬順気湯を作り、内科や婦科などで常用される処方薬として日本に持ち込んだ。

唐の時代に高僧鑑真が日本に渡った際にも天台烏薬を持持参し、この薬で光明皇太后の病を治したことから、日本で「神農」として尊敬されていたそうだ

天台烏薬は、徐福が和歌山県新宮市に上陸した重要な証拠の一つとされている。神社の近くでは、弥生時代の竪穴式住居跡が多く発見され、数千点の遺物が出土している。その他にも、徐福の鞍、徐福の神輿、徐福の木製彫像などが残されている。

これらの記念施設や伝説は、徐福が日本に渡航したことを直接証明するものではないが、徐福に対する信仰や

関連する風俗が長く続いていることは明確であり、数千年にわたっても人気が衰えない。多くの日本人が現在でも自分の家系が徐福やその部下から来ていると認めている。例えば、日本の元首相である羽田孜は、自身が中国からの移民の子孫であり、「不老不死の薬を見つけるために、日本に渡った方士徐福の部下である秦氏の子孫です」と公言しており、何度も中国を訪れて先祖を探した。彼は「私の祖先は秦姓です。私たちは徐福の遺伝子を持っており、私の故郷には『秦陽館』があり、徐福の子孫として誇りに思っています」と述べたことがある。

これにより、少なくとも徐福一行の一部が日本に到達し、日本社会の発展に大きく貢献したことが分かる。日本の人々が徐福を記念する活動は、中日友好の伝統を引き続き保持しようという願望を反映している。

秦徐福上陸の地記念碑

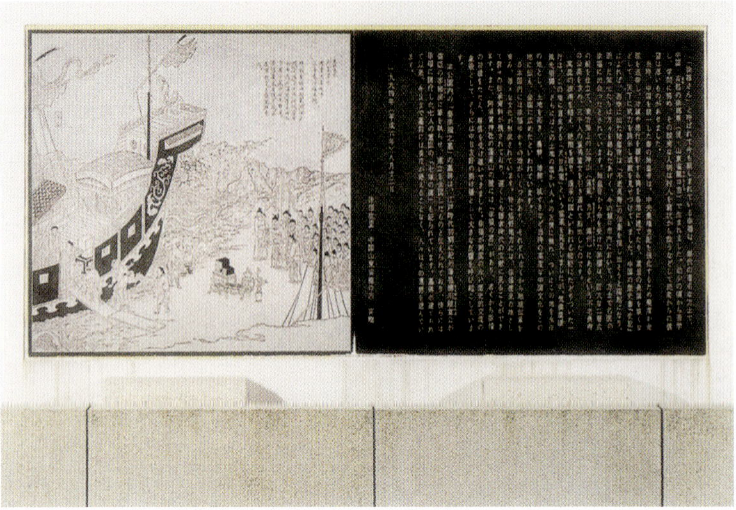

来由の碑

歴史資料の記録と考古学的発見を総じて考えれば、徐福の日本に渡ったことは、中国の伝統文化、特に斉魯文化が海外に大きく伝わった出来事であり、中・日・韓の最初の大規模な経済・文化交流でもあったとわかる。

朝鮮半島南部と日本列島がまだ原始的な生活状態にあった時代に、秦の徐福が率いた大規模な船団が当時の最先端の文化と生産技術を伝え、中・日・韓の海上シルクロードを繁栄させ、漢代におけるさらなる大規模な人的往来と文化交流の航路を広げたと言えよう。

十周年訪日、孔子像の贈呈

歴史の発展に伴い、儒学は時代の養分を吸収しながら更新する必要がある。しかし、儒学のいくつかの優れた伝統は、中国および日本などの東アジア諸国において今なお大きな影響を及ぼしている。似ている文化的基盤に基づく文化交流により、山東省と日本の和歌山県は儒家文化からさらに多くの共通の言葉が見出されている。

1994年、山東省と和歌山県友好提携締結10周年孔子像除幕式

日本の有名な漢学者で東北大学名誉教授の金谷治は次のように論じている。日本は古くから孔子の大きな影響を受け、多くの恩恵を得てきた。江戸時代の儒学振興を基盤として、孔子の思想が日本の近代化に大きな役割を果たしたという説も多く説かれている。孔子の言説を記録した『論語』は、今でも日本で広く推奨されている。またこれはおそらく日本だけでの状況ではないだろう。

山東省は孔子の故郷であり、儒者の揺籃の地でもある。日本古代の大学寮に祭られている孔子像は、中国から伝来した画像、またはそれを模写した画像であった。でも、その具体的な

1994年、趙志浩省長が和歌山を訪問し、孔子像を贈呈

姿については現存する史料の制約から明確ではなく、後世に伝わる釋奠図に基づいて推測されるしかない。

日本国内で設計・制作された孔子像の他に、中国から直接伝来した孔子像も祭祀の対象として大きな影響力を持っている。吉備真備が日本に持ち込んだ孔子画像の他に、中国製の孔子像も多数存在している。たとえば、朱舜水が持ち込んだ三尊の孔子像や、清から伝わって白木聖廟に安置された孔子像などがある。各種の孔子像や関連する記述、模写図が日本に次々と流入しているうちに、日本人は孔子像の外貌を選別し、自らの独特な理解を加え、中国とは異なる孔子像を創り出した。

明治後期には、日本文部省管轄の湯島聖堂で三千尊の孔子像が制作され、孔子祭典に出る中国や朝鮮の代表を含む多くの人々に贈与された。

孔子がかつて「泰山に登りて天下を小とす」と嘆いたことがあるが、山東省と和歌山県の交流の中で、1995年に山東省は和歌山博物館に玉石孔子立像を寄贈した。今日に至るまで、両国の友好交流の歴史の細部において、孔子像は中日関係の新たな局面の証人となっている。

その孔子立像は山東で玉石に彫刻され、山東省と和歌山県の友好の象徴として和歌山県に贈られたものであり、当時世界最大の玉石孔子立像でもあったという。

孔廟

孔子の思想は現在でも世界中で大きな影響力を持っており、中日両国の文化の共通点となっている。孔子は「文、行、忠、信」という四つの教えを掲げた。千年にわたる礼楽の聖地であり、儒家文化の揺籃である孔子の故郷曲阜には、日本から多くの訪問者が「道を問いて力行」している。これは中日両国の歴史を行き来するかのようであるが、実際には中日関係の利点を生かし、弊害を取り除き、安定して長く続けるための問いかけと深い思索である。

2010年3月25日に日本青年訪中代表団和歌山分団、学術分団及び司法分団の合計137人が曲阜市を訪れた。代表団は孔府、孔廟、孔林といった世界文化遺産を見学し、闕里賓舎で曲阜師範大学の駱承烈教授による儒学講座を聴講した。

駱教授は「孔子について」というテーマで、現代のグローバルな文化伝播を中心に儒教文化の深遠な意義について論じた。世界の安全状況に合わせて孔子の天下大同（世界が一つになる）、求大同存小異（小異を残して大同につく）という治国理念を説明した。また、青少年の学習についても、孔子の有教無類（教え有りて類無し）、学而不厭（学びて飽きず）、不恥下問（下問を恥じず）といった教育思想を紹介した。

2017年5月17日に和歌山県からの旅行商やメディアで構成された14人の観光交流団が曲阜市を訪れ、観光資源を視察した。

2010年、曲阜市を訪問した日本青年友好使者訪問団

団員たちは孔廟、孔府、孔林景区、尼山聖境といった観光地を巡り、高くそびえる孔子像に拝謁した。儒家文化のテーマホテルである闕里賓舎で孔府料理を味わい、古楽舞踏の演技を楽しんだ。さらに、明故城の鼓楼大街や五馬祠街なども訪れた。曲阜はその深い儒教文化の底力、輝かしい古代建築、純朴な民俗風情によって、同じく儒教思想を信じる日本の観光団のメンバーを深く引き付けた。日本が儒学文化の影響を深く受け、孔子をとても尊敬しているため、曲阜は日本人観光客にとって最

2017年5月、世界文化遺産の孔廟、孔府、孔林景区及び尼山聖境を訪問した和歌山県旅行商やメディアによる観光交流団（組写真）

2023年8月16日から21日まで、山東省の各地域の姉妹・友好都市である和歌山県、下関市、木更津市、足利市、泉佐野市及び大阪府などからの青少年67人が招待され、済南市、青島市、泰安市、済寧氏を訪問し、山東師範大学、曲阜師範大学、山東財経大学の師生と交流した（組写真）

も憧れる中国の観光地の一つとなっている。訪問団のメンバーは文化の巨人である孔子の故郷を訪れ、参拝できることに非常に感心した。

和歌山県と山東省は友好省県であり、両省県観光交流をさらに促進するため、相互に旅行業者やメディアを派遣し、現地調査を行うことで合意した。曲阜市にとって日本は重要なインバウンド観光市場である。今回の視察活動は、曲阜市の豊富な文化的観光資源を日本でさらに宣伝し、日本からの観光客市場を深く開発する上で重要な推進力となる。

尼山書屋

『源氏物語』は11世紀の日本で紫式部が情熱を燃やしながら書き上げた作品だと言える。春の悲しみと秋の哀愁を清麗で優雅な筆致で描き、日本文化の独特な美を滲み出している。同時に、この小説には日本文化と中国文化の歴史的なつながりも示しされている。

紫式部は白居易の詩を好み、『源氏物語』全体に古体詩を織り交ぜ、離別の悲しみを訴え、身の上の哀れさを嘆いていた。「逢うてこそ時の短きを知れ、世々に別れの恨み多し」、「露草に蜘蛛の糸が絡みつき、風が吹いて糸が切れ、ひらひらと舞い散る」などの詩句から、『長恨歌』や『琵琶行』の神韻を感じ取ることができる。

詩のほかに、『礼記』、『戦国策』、『史記』、『漢書』などの中国の典籍からの影響も深い。日本が中国文化を吸収し融合した例は『源氏物語』に限らず、漢字、儒学、律令制度など多岐にわたる。3世紀末には、儒家の典籍である『論語』が日本に伝わった。その後、日本では易、詩、書、礼、春秋を教える五経博士制度が確立された。

日本の大化改新は、中国の律令制度をまねて行われたのである。日本は何度も中国に遣隋使や遣唐使を派遣し、使節団には多くの留学生や法を求める学問僧がいた。吉備真備と阿倍仲麻呂は、日本の留学生の中でも最も著名な代表者である。吉備真備は中国に長年留学し、帰国後、太学で中国の律令や典章制度を教え、中国文化を広く伝えた。奈良時代に日本は中国にならって教育制度を創設し、中央に太学を、地方に国学を設置し、博士、教授、助教を配置し、中国の律令、経学、音韻、文学、書法などを教授し、日本文化の繁栄を促進した。

元知事の仁坂吉伸の見解によれば、各地にはそれぞれ独自の景観があり、それらは互いに対立したり競争したりする関係ではない。むしろ、まさに「違い」があるからこそ、他の地域の人々を引きつけ、観光に訪れる価値と可能性が生じるのである。

この考えが中国の儒教の「和して同ぜず」の理念と一致するかどうか尋ねられたとき、仁坂吉伸は、日本の知識人は多かれ少なかれ儒教思想の影響を受けており、これは日本の長い歴史伝統によるものであると述べた。また、彼自身もその影響を深く受けており、名前の「仁」は儒家思想の「仁学」に由来しているのだと説明した。

仁坂吉伸は、漢字の「人」についての理解を次のように述べたことがある。漢字の「人」の書き方には「一人では人になれず、他者の支えと助けを得て初めて人となる」という深い理念が含まれている。人と人の関係はこのようであるべきであり、国と国、地域と地域の関係も同様であるべきだ。このような互いに支え合う理念は、「徐福が日本に渡った」時代にまで遡ることができるかもしれない。

近年、山東省は文化を通じて観光を促進し、観光を通じて文化を発揚するという新たな一章を刻んでおり、国際的な交流と協力の面でも同様である。

注目すべきなのは、尼山書屋が国際的なブランドとして、国内外の資源を統合し、オンラインとオフラインの両方を推進する方法に基づき、「海外に進出」から「海外に定着」へ転換することを基本点としている。尼山書系、尼山国際フォーラム、尼山国際出版、尼山国際展演、尼山国際教育に依拠し、優れた伝統文化の伝播と発展の新たなモデルを構築している。尼山書屋は書籍を中心に、文化交流の架け橋を築き、山東のイメージを示し、中国文化と斉魯の特色文化を紹介する重要な窓口となっている。2013年7月にマルタの中国文化センターの「尼山書屋」が正式に開設された。

2024年4月19日に山東省・和歌山県の友好提携40周年記念事業が行われ、山東出版集団の張志華董事長と和歌山県国際交流協会の北山徹局長が共に「中華文化コーナー・尼山書屋」の除幕式を行った。また、山東人民出版社が出版した『儒典』の精選版を日本側に贈呈し、日本側からも感謝状を贈られた。今

2024年4月19日、山東出版集団の張志華董事長と和歌山県国際交流協会の北山徹局長が共に「中華文化コーナー・尼山書屋」の除幕式を行った

尼山書屋にある図書の一部（組写真）

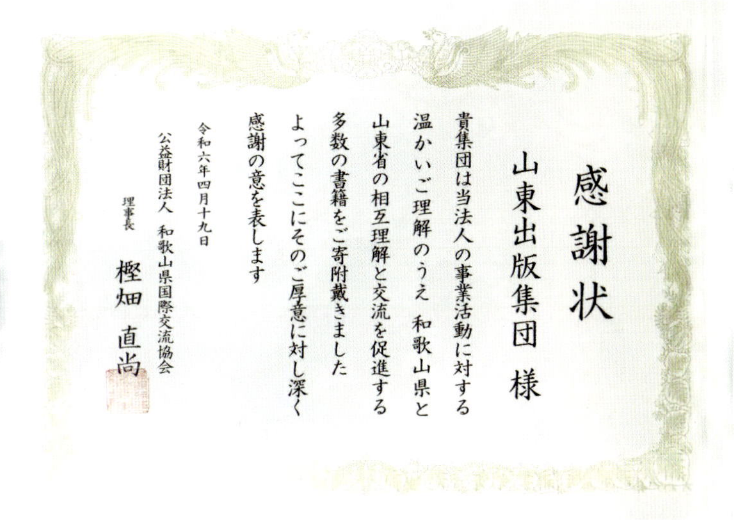

感謝状

山東出版集団 様

貴集団は当法人の事業活動に対する
温かいご理解のうえ 和歌山県と
山東省の相互理解と交流を促進する
多数の書籍をご寄附戴きました
よってここにそのご厚意に対し深く
感謝の意を表します

令和六年四月十九日

公益財団法人 和歌山県国際交流協会

理事長 樫畑 直尚

日本側からの感謝状

尼山書屋にある『儒典』

回オープンした尼山書屋は、和歌山県国際交流協会にあり、同協会は長年にわたり中日民間交流の促進に努めており、中国から寄贈された書籍は日本の地元民が中国の真実をよりよく理解し、中国文化の豊かさをより深く感じるのに役立つだろう。

それだけでなく、山東省と和歌山県は、友好学校の設立、文化・スポーツ代表団の相互派遣、文化財展示会の開催など、多岐にわたる形式で内容豊かな交流と協力を展開し、両者の文化教育領域の共同発展を促進している。2013年9月に山東省文物局は和歌山県で黄河泰山展を成功裏に開催し、山東省の貴重な文化財が多く展示された。山東省はまた、数回にわたって和歌山県向けに山東省の黄河文化と観光資源をオンラインで紹介した。友好省県の枠組みの中で、山東省と和歌山県は経済、観光、文化などの分野での交流と協力が順調に進められている。

「歳月二千年の玉帛、春秋八十年の干戈」といったとおり、中日文化交流の長い歴史は、中国の発展によりさらに華やかな花を咲かせるだろう。多様なの友好交流や多視点での観察を通じて、山東省と和歌山県は文化交流の深さを着実に強化している。

多様な芸術交流

2008年から濱州市は日本の紀の川市と姉妹都市提携を結び、

わかやま新報による黄河大集の報道

文化芸術などさまざまな分野で交流と協力を進めている。

2023年に『わかやま新報』で濱州市陽信県の黄河大集についての記事が掲載され、日本の人々に中国の伝統文化が紹介された。これにより陽信県の宣伝に大きく貢献し、和歌山新報社が印刷した絵葉書も陽信県で展示された。

同年6月21日に濱州市で「中日オンライン文化交流会」が開催された。陽信県委員会宣伝部の李新睿課長、尚禾株式会社代表取締役の夏木哲也、和歌山新報社の西井章人、澎聚メディアの姜迪がこの会議に出席した。

李新睿は参加者に陽信県の中日文化交流事業について紹介した。彼は、以前から話し合われていた日本の風景絵葉書の件について、関連リーダーに報告し、陽信県の旅行会社や展示ホールとの協力、絵葉書の配置などを検討することを提案した。

件の絵葉書が和歌山新報社に制作されたものであり、表面には日本風景の写真が印刷され、裏面には詳細な紹介が書かれているデザインである。写真とウェブサイトのQR コードを通じて、一般の人々に和歌山県を紹介したものでもある。

李新睿は交流会で、日本からの絵葉書が早急に郵送され、陽信での配布と展開を早く進められ、美しい日本の風景が絵葉書とともにより多くの人々に紹介されることを期待していると述べた。

西井章人は「和歌山県の有名な観光地の海外絵葉書」につ

2023年7月24日、濱州市陽信県で開催された「中日オンライン文化交流会」

いて紹介した。和歌山県は日本の関西地域に位置し、2025年に関西地域の大阪市で万博会が開催される。万博会をきっかけに、和歌山県は海外で県の風土、人情を宣伝し、多くの外国人観光客を誘致するため、和歌山新報社に印刷された絵葉書を陽信で配布し、宣伝活動を行おうと考えている。最初の絵葉書は近日中に発送され、早ければ来月には濱州に到着する見込みである。

2023年7月24日午前、濱州市陽信県「中日オンライン文化交流会」が開催され、濱州市陽信県新時代文明実践指導センター・県委宣伝部事務室の陳瑞主任、県委宣伝部新聞室の李新睿主任、日本の和歌山新報社の西井章人主任、尚禾株式会社の王聖恩代表が会議に出席し、双方は宣伝・絵葉書の相互配布などについて友好的な交流を行った。

和して同ぜず、自他の美を美とし共にあり。

2024年1月24日、ユニークな中日オンライン文化交流イベントが濱州市陽信県で開催された。今回のイベントには中日双方の文化使者が集まり、両国の深い文化的蓄積を共に探求して交流した。

中国側からは、濱州市陽信県委員会宣伝部の李新睿主任および陽信県委宣伝部の魏忠林主任が出席した。日本側からは、紀

切り絵文化を交流した中日双方

の川本吉設備株式会社の木南晴夏代表、和歌山新報事業部の西井章人主任および尚禾株式会社の王聖恩代表が交流に参加した。

木南晴夏は日本側の代表とし、陽信県から贈られた切り紙などの贈り物に対して心から感謝の意を表した。李新睿は、中国切り紙芸術の起源とその中国伝統文化における深い意義を紹介した。彼は、切り紙が独特の芸術形式とし、一枚の紙と一丁のハサミでいかに人々の豊かな想像力と生活への美しい願望を巧みに表現するかを詳しく説明した。

西井章人と王聖恩は、展示された切り紙作品「順風満帆」に強い興味を示した。魏忠林は、この成語の背後にある深い意味をさらに解説した。精巧な「十二支」の切り紙作品を目にしたとき、参加者の人々は切り紙職人の巧みな技に驚嘆した。

濱州市の黄河大集

今回のオンライン交流活動は、切り紙を媒介として両国間の文化交流と相互理解を深めた。切り紙芸術の共有と交流を通じて、中日双方は友情を育み、今後の協力の基礎を築いた。

また春節が近づく中、日本側の代表は中国側に春節の祝辞を伝えた。中国側も感謝の意を表し、温かい祝福を返した。双方とも今後、さらなる交流と協力の機会を期待し、中日文化関係の発展を共に推進する意向を示した。

現在、濱州市は文化の「二創」の道を積極的に探求しており、この都市の「無形文化遺産」の宝物に焦点を当てている。例えば、博興県の布老虎や沾化区の棗木彫刻などの「手造り」製品は、国内外で広く知られ、伝統文化の発展を支え、農村の振興に寄与する模範となっている。今後、濱州市は日本で展示会を開催し、無形文化遺産の製品、農産物、グルメなどの代表的な製品を紹介し、日本の人々に濱州市の独特な風土・人情や濃厚な文化的雰囲気を体験してもらい、この千年の歴史を持つ都市の文化的脈動に触れてもらうのである。

努力を続ければ、未来は期待できる。新たな出発点に立ち、絵葉書で友情を遠くに届けることで、日本との深い交流と協力が、濱州市全体の全面的な開放新格局の形成に重要な一歩となる。

中日民間の交流

国と国の交流において物語は貴重なつながりであり、数多くの友好関係者は共に新時代の両国人民の友好の物語を綴り、中日友好の種を蒔いてきた。国と国との関係は、人々の親しみ合いにかかっている。過去から現在に至るまで、中日民間の友好交流は一度も途絶えることはなく、山東省と和歌山県の人々は交流の中で深い絆を結び、中日関係の信頼の基盤を築いてきた。

「古い親友」の山崎宏——双方友好の民間推進者

心を交わすことで信頼を得ることができる。山東省と和歌山県との交流の過程で、山崎宏の物語はその真情によって特に感動的である。彼は双方の友好交流を推進する中で、中日両国の人々の共通の記憶を呼び起こした。

山崎宏は1908年に日本の岡山県で医学の家系に生まれた。祖先三代にわたって漢方医であり、全員が赤十字社の会員であった。医科大学を卒業した山崎宏は、父の跡を継ぎ、漢方医院を開業した。

1937年に盧溝橋事件により日本の全面的中国侵略戦争が始まった。日本国内では徴兵が行われ、山崎宏は獣医として第10師団に所属し、中国の領土に足を踏み入れ、そして部隊と共に上海や天津を転戦した。

しかし、他の人とは異なり、医者である山崎宏は戦争を好まず、日本の家に戻りたいと望んでいた。そのため、彼は天津から東へ逃亡することを決意した。ぼんやりとした記憶の中で、彼は日本に最も近いのが山東半島の東端であることを思い出し、そこから帰国の機会を見つけようと考えた。こうして彼は、物乞いをしながら道中で出会った中国人から食事や水をもらい、命からがら山東省の済南市までたどり着いた。済南に着いた彼は、逃亡兵としての身分では日本に戻るのは困難だと分り、身分を隠し、日本人移民として済南鉄道局で倉庫係の仕事をしていた。

彼は中国人の血を手に染めたことはなかったが、やはり日本人である以上、中国の人々に対して実質的な助けを提供し、謝罪を果たすことを決意した。そのため、彼は済南に診療所を開設し、河北省唐山市から済南に避難してきた女性と結婚した。

1945年に日本が降伏した後、山崎宏は帰国を選ばず、引き続き済南に留まり、貧しい人々に無料で診療を行った。

その後、日本の和歌山市は済南市と友好都市提携を結ぶことを計画した。山崎宏が日本に帰省した際、日中の友好都市提携の仲介役を務めることを日本側から依頼された。この提案に山崎宏は大いに喜美、自費で頻繁に両都市を往復し、当時の日本の首相である中曽根康弘氏に手紙を書き、中日民間の友好に尽力したいという願望を表明した。

1983年1月11日から23日にかけて、済南市友好訪問団一行の7人が和歌山を訪れ、両市の友好都市提携締結の調印式を行った。山崎宏は自費で日本に戻り、1月14日に行われた調印式に参加した。後に中曽根康弘から返信があり、「大道無門」という四文字を贈られた。山崎宏は「大道無門」が自分の意志に従って進むように励ましてくれる言葉と考えた。

1984年に和歌山県は山崎宏に感謝状を贈り、山東省と和歌山県の友好交流の推進における彼の貢献を表彰した。1998年に岡山県も山崎宏の日中友好への貢献を認めて感謝状を贈った。

1983年、済南市と和歌山市が友好提携締結調印式に参加した山崎宏（右一）

山崎宏は日本から1万冊以上の科学技術の書籍を集め、済南市図書館に寄贈した。また、地元の診療所に初の心電図装置を提供した。また、日本政府から支給された年金を全額寄付し、2008年の四川汶川地震の際には4000元を寄付した。

山崎宏が亡くなった後、自身の遺体を中国に献体し、中国に永遠に留まることを選んだ。

和歌山県からの感謝状を受領した山崎宏（組写真）

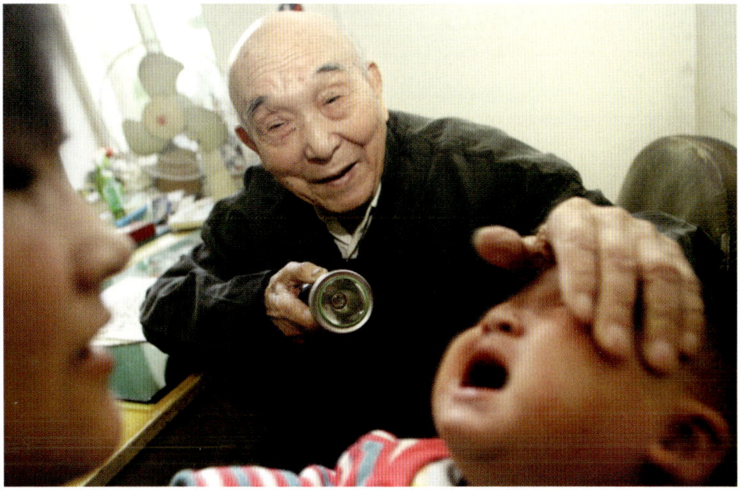

2009年、小児患者を診療している山崎宏

一世代前の人々たちの友好交流の物語は感動的であり、現在、多くの若者が同じように、友情の火炬を引き継ぎ、両国人民の友好的な未来に貢献している。

貴志八郎

元日本国会議員で、和歌山県日中友好協会会長の貴志八郎は、1950年代から日中友好に尽力してきた。彼の熱心な推進により、和歌山市と済南市、和歌山県と山東省、橋本市と泰安市の友好提携が相次いで締結された。

1985年に和歌山県日中友好協会の貴志八郎会長と和歌山県日中友好協会婦人委員会の稷本花委員長の招待に応じ、山東省婦女聯合会の呉亮亭副主任を団長とする山東省婦女訪日友好代表団一行5人が、6月4日から13日にかけて日本の和歌山県を訪問した。この訪日友好代表団は、両省県の人民と婦女の間の友好関係をさらに発展させるために派遣された最初の婦女代表団であった。双方ともにこの訪問を重視し、日本側は周到な手配を行い、温かく友好的な接待を行った。訪日友好代表団は和歌山県で県庁、市役所、日中友好協会を訪れ、県庁知事の仮谷志良および和歌山市市長補佐、事務局長、教育長、市議会議長などと面会し、歓迎の辞を受けた。

代表団は和歌山県で、児童科学館、発明館、花王工場、海中水族館、畜産試験場、野生動物園、近畿大学水産研究所、エネルギーセンター、和歌山市中央卸売市場、紀三井寺の日中友好碑、徐福公園などを訪れた。また、和歌山県日中友好協会婦人委員会のメンバーや白浜各界の婦人代表と婦人組織の状況、女性の生活、仕事、結婚家庭などの問題について交流した。代表団は1500名以上の代表が参加した和歌山市第34回婦人大会にも出席した。代表団はこれらの場を利用し、日中友好の重要性、女性間の友好交流が日中友好の発展、国家建設、幸福な家庭づくりに果たす役割について宣伝した。

この訪問は、友情を深め、理解を深め、相互学習を促進し、多くの友人を作ることを目的としており、両省県および両省県の婦女間の友好協力関係の発展を促進するうえで、積極的な影響を与えた。

2010年5月19日、貴志八郎氏を団長とする和歌山県障害者事業団が泰安を訪問し、泰山や岱廟を観光した。

高齢者サービスをめぐる交流

趙朴初の詩に「生固欣然、死亦無憾；花落還開、水流不断。」(生きることは喜ばしく、死ぬことにも悔いなし。花は散っても再び咲き、水は絶え間なく流れる）とある。この詩のとおり、生命は自然な過程である。個々の生命は、幼児期、子供時代、少年期、青年期、中年期、老年期を経るが、若く元気な時には、特に老いと衰えの段階については実感が湧きにくいものである。

和歌山文化協会と山東老年大学の友好交流

中国の高齢化進行が加速しているが、経済発展や高齢者サービス体系の遅れにより、高齢化社会への突入が早すぎたために「未富先老」「未備先老」の困難に直面している。日本も同様に、高齢化社会に急速に突入し、世界でも高齢化が進んでいる国の一つである。「長寿の国」「古稀の郷」と言われる日本は、高齢化問題にどのように対処しているのであろうか。

和歌山県は山東老年大学の重要な文化交流協力パートナーであり、山東省人民政府外事弁公室および和歌山県国際課の大きな支援のもと、2014年以来、山東老年大学は公務団8回26人、遊学団6回で約200人の老年大学学員を和歌山県に派遣し、友好文化交流を行った。

その中で、2014年に山東老年大学が山東省交流協議団に随行して和歌山県を訪問し、友好都市議会の力を借りて両省県の高齢者文化交流を促進した。2015年に山東老年大学は初の学員交流団を和歌山県に派遣し、御坊市民大学と文化交流を行った。2019年3月には山東省と和歌山県の友好提携35周年記念行事が和歌山県で開催され、山東老年大学の文化交流団も参加し、双方の参加者

2019年3月、山東省・和歌山県友好提携35周年記念活動に参加した山東老年大学文化交流団

はそれぞれ1時間以上にわたって芸術才能を披露した。日本側の学員が大正琴、太極拳、フラダンス、東京五輪音頭などの演目を披露し、日本の伝統文化の独特な魅力を示した。山東老年大学の学員は、チャイナドレスショー、太極拳、バレエ「白鳥の湖」、合唱「北国の春」「同じ歌」などの演目を披露し、中華の優れた伝統文化を披露した。双方の素晴らしい演技は観客の拍手を浴び、演出後には中日両国の学員が記念品を交換し、楽しい交流を通じてお互いの理解と感情を一層深めた。この学員遊学活動は、国際交流をさらに拡大し、遊学の規模を広げ、形式を豊かにするための堅実な基礎を築いた。

その間、和歌山県の訪問団も山東老年大学を何度も訪れた。また、2023年に山東老年大学の創立40周年に当たり、和歌山県国際担当参事の岡澤利彦と和歌山市公民館連絡協議会会長の岩橋延直がそれぞれ祝辞を送った。2023年10月に和歌山県企画部長の前昌治ら3名が山東老年大学を訪問し、文化交流を行った。前昌治は次のように述べた。中国は広大な国土を持ち、山東老年大学が遠隔教育の模式を通じて高齢者教育を高齢者の身近に届ける方法は非常に成功している。学員たちの良好な学習状態と優れた学習成果は彼に深い印象を残した。山東老年大学と和歌山県の長年にわたる友好交流は、双方の高齢者たちの相互理解と認識を大いに促進している。今後、双方がさらに交

2023年、山東老年大学を訪問した和歌山県訪問団

流と協力を強化し、高齢者教育事業の規範化と迅速な発展を共同で推進していくことを期待している。

山東省一和歌山県という友好提携関係の下で、山東老年大学と和歌山県の「質の高い、持続可能な」高齢者文化交流活動は、友好都市の交流内容を豊かにし、中日の人々の感情を近づけ、高齢者教育の実績と成果を宣伝し、中国の優れた伝統文化と高齢者文化を広め、両国の協力と交流、発展のためのプラットフォームを提供した。今後も山東老年大学は、「山東高齢者教育の良い方法」や、「山東高齢者教育の良い経験」を広げるために、

中日両国の高齢者の相互交流と学習（組写真）

各国の政府機関や高齢者教育機関との友好協力関係の強化に積極的に取り組み、学習者の国際遊学ルートをさらに探求し、学習者の海外遊学活動をもっと豊かにしていくのである。

高齢者の人口が多い山東省と和歌山県は高齢者福祉に関する協力も進んでいる。例えば、2004年以来、山東青年政治学院はビジネス日本語などの専門を活かし、和歌山外国語専門学校や京都西山短期大学などと緊密な協力関係を築いている。毎年、学生を日本に派遣し、インターンシップや就職、進学などの文化や学術の交流を行っている。今後も引き続き、教員や学生を日本に派遣し、中日の介護人材協力プロジェクトを共同で展開していくのである。

少子高齢化社会に先駆けて突入した日本の介護経験をを熟考することは中国の国情に適した齢者福祉体系の確立と発展に重要な参考になるだろう。

コロナ禍における相互支援と交流

「青山一道同云雨、明月何曾是両郷。(青山一道なれば雲雨を同じうし、明月何ぞ曾て是れ両郷ならん)」2020年2月20日午前、「山東加油」の貼り紙が貼ってあるダンボール20個が山東省紅十字会の防災倉庫から三つの医療機関に運ばれた。これは日本の

和歌山県から山東省への医療用物資の寄贈、「山東加油」と印刷された文字

和歌山県から寄贈された医療用物資である。

新型コロナウイルスの感染が発生して以来、和歌山県は山東省の感染対策に深い関心を寄せ、山東省に医療用物資を寄贈することで支援を表明した。今回、和歌山県から山東省に5万枚の医療用手袋が寄贈された。

和歌山県から山東省に慰問ビデオ——「山東加油、中国加油」が送られた。和歌山県国際課から届いた慰問ビデオに、和歌山県は山東省の人々と共に、新型コロナウイルス感染症に早く打ち勝ち、美しい未来の協力を共に築いていくことを願っている。

2020年3月22日に「満載一船明月，平鋪千里秋江」という文が書かれた寄贈物資が済南から和歌山県に送られた。これは宋

感染症対策用品の寄贈

の詩人張孝祥の『西江月・黄陵廟』という作品を思い起させる。

満載一船明月、平鋪千里秋江。
波神留我看斜陽，喚起鱗鱗細浪。
明日風回更好，今朝露宿何妨。
水晶宮里奏霓裳，准擬岳陽楼上。

秋色を一船に積み上げ、十里の湖の光を平らに敷き。
波の神は斜陽を見せに留めて、細波を鱗々と起こす。
明日風が回ればもっと良し、今夜は露営しても妨げない。
水晶の宮殿で霓裳を奏で、岳阳楼に待ちにいる。

風月同天

山東省・和歌山県友好提携40周年

宋孝宗乾道4年（1168年）秋8月、張孝祥は湖南省長沙市を離れ、湖北省荊州市（現在の江陵）に赴任した。この詩はその途中で作られたものである。彼は友人の黄子默への文に、「某、長沙を離れて十日余り、尚黄陵廟下にあり、波臣風伯もまた善く戯れるね」と述べた。黄陵廟は湖南省湘陰県北部の黄陵山にあり、伝説によれば舜の二妃、娥皇と女英の廟があることから、黄陵廟と呼ばれる。張孝祥は赴任の途中に風浪に阻まれたが、その主旨は波浪の激しさを描写するのではなく、波神風伯の「善く戯れる」ことに着目したのであった。

この詩文は、山東省から和歌山県への美しい願いを表しており、友好都市が早く感染症を打ち勝つことを願っている。

和歌山県が寄贈した戦「疫」物資には、「山川異域、風月同天」の文字が書かれている。

1984年に友好提携を締結した山東省と和歌山県は、新型コロナウイルス感染症の発生以来、和歌山県がいち早く山東省に医療用物資を寄贈した。桃を投げかければ李を返す。山東省も和歌山県に3万枚の医療用マスクを寄贈した。これは中日両国民の千年にわたる友情の凝縮であり、両国の人々がこの友情を引き継いでいく願望の表明でもある。

新型コロナウイルス感染拡大期間において、済南市高新区東城逸家小学校と和歌山県宮北小学校はオンライン交流活動を行い、中日友好の種を蒔いた。東城逸家小学校は「民族の伝統文化に根ざし、国際理解教育の特色を作り、教育ブランドの文化内涵を豊かにする」という教育理念を実践し、学生の国際的な視野を育成するために、2021年3月4日午前、済南市高新区東城逸家小学校と日本和歌山県宮北小学校はオンラインでの出会いを通じて，中日友好の礎を築いた。

2021年3月、山東省ー和歌山県小学校オンライン交流会

そして、山東省人民政府外事弁公室亜州処の紀彩雲処長、高新区発展保障部教育・体育弁公室の華逢瑞、東城逸家小学の史峰虹校長、張宜峰書記、宮北小学の道本美月校長、阪口博紀教務主任、和歌山県国際課長の岡沢利彦課長、和歌山県国際課班長の山下善夫班長、及び両校の百名以上の学生代表がこのオンライン交流活動に参加した。

2021年3月、東城逸家小学校と宮北小学校のオンライン交流会

東城逸家小学校の学生による古筝の演奏

宮北小学校の学生による大鼓の演奏

交流会の初めに、和歌山県宮北小学校の道本美月校長と東城逸家小学校の史峰虹校長が相次いで挨拶をした。その後、両校はそれぞれ自校の紹介を行った。

その次に、両校の学生代表がこの交流活動に素晴らしいパフォーマンスを披露した。東城逸家小学校の学生代表は優雅で美しい舞踊と、余韻がある古筝の演奏で中華文化の特色を披露した。彼らの舞姿は燕のように軽やかであり、身体は雲のように柔らかく、花間を舞う蝶のようであった。巧みな指が琴弦をゆっくりと弾き、美しい音符が一つ一つ軽やかに跳ね、古典の風情が描き出された。日本の小学生は自ら編曲した大太鼓の演奏を披露し、演芸の中で日本の民族特色を持つ打楽器を融合し、日本の伝統的な民族芸術を見事に表した。

芸術の火花が交流しているうちに咲いた。演奏が終わった後、両校の学生代表は将来の夢、中日両国の流行事物、学校生活での印象深い出来事などのことについて発言した。

交流会の終わりに、中日両国の学生代表はそれぞれが興味を持った問題について自由に交流した。異なる国の文化には違いがあるが、子供たちの似たような興味があり、交流会を通じてスクリーンの両端の距離が縮められ、互いの心が結びつけられ、友好の種も両国の少年の心に撒かれた。

また、このような交流と芸術が両国の子供たちをつなぎ、子供たちが互いの異なる生活や文化を理解し合い、精神的な芸術の交流を実現し、中日両国の友好協力をさらに推進した。

済南外国語学校開元国際分校は「伝統的な民俗文化を活かし、国際理解教育の多様性を促進し、教育ブランドの文化的な広がりを深める」という教育理念を掲げ、山東省人民政府外事弁公室と済南市教育局国際課の支援を受け、2022年3月1日の午前に日本和歌山県清水小学校とオンライン交流活動を行った。

交流会は中日小学生の友好的な挨拶から始まった。まず、両校の校長が相次いで挨拶をし、積極的な交流を通じて友情を深め、共に成長することを望んだ。その後、中日両校の学生が学習成果を紹介した。

2022年3月、済南外国語学校開元国際分校と日本和歌山県清水小学校のオンライン交流会（組写真）

清水小学校の各学年の学生たちは、プロジェクトベースの学習方法を通じて、児童ゲーム、地元の特産品、街の探検、世界遺産、水環境問題などのテーマについて開元の生徒と教員に学習成果を発表した。日本の学生たちの分かりやすい説明により、開元国際分校の教師・生徒は日本の学校生活についてさらに理解を深めることができた。

開元国際分校の学生代表は、山東文化、学校のカリキュラム、学校の活動および寄宿生活について説明した。伝統文化か

「晨之声」オカリナ楽団による『ドラえもん』の演奏

ら学校生活まで、開元の生徒たちは日本の生徒たちに幅広く紹介し、日本の生徒たちは山東の古い文化を理解し、また開元という現代的な寄宿学校の生徒の学びと生活を理解する助けとなりました。

開元分校の「晨之声」オカリナ楽団は、『ドラえもん』を演奏した。開元国際分校の教師・生徒は中国の伝統的な切り紙を展示した。また、赤い提灯は家族の団欒、事業の繁栄、幸福、光明、活力、円満、富貴を象徴することを示した。さらに両校の小学生が互いの理解を深め、異なる文化を理解し、共に進歩し、共に成長することを期待した。

このような芸術的な交流を通じて友好の花が咲いた。子供たちの熱意あふれる態度は、お互いの距離を縮め、お互いの心を近づけた。中日友好の絆が、両国の若き心の中に芽吹きました。友好的な交流は両国の子供たちを結びつけ、文化の理解と認識を深め、中日両国の友好協力をさらに推進した。

今日の世界発展のトレンドは平和、発展、協力である。日本を含む世界全ての国々との友好協力関係を推進することは、中国の平和的発展のためにも、人類の共通利益のためにも必要である。山東省と和歌山県の各分野での友好交流は、中日関係に美しい未来をもたらし、世界に積極的な貢献をするだろう。

山東師範大学日本語科の学生が「和歌山の窓」で楽しい雰囲気の中で松下先生と歓談

教育分野の交流

大学は人材育成と文化伝達という社会的な役割を果たしている。山東大学と山東師範大学は和歌山県との協力を強化し、新時代の中日関係を共に切り開き、東アジアの文化交流の重要なプラットフォームを築くことに努めている。

中日両国は地理的に近く、文化的にも交流が深く、青少年の相互理解と交流において多くの優れたプロジェクトを実施してきた。特に山東のいくつかの学校が行った訪日教育実習活動は、参加者数が多く、範囲も広く、教師と生徒から好評を得ており、中日学生交流のブランドプロジェクトとなっている。

友好関係の発展には中日双方の共同の努力が必要であり、両国関係の発展には人民友好、特に青年間の交流を強化することが必要である。山東省と和歌山県の友好関係の希望は人民にあり、基盤は民間にあり、未来は青年にあり、活力は地方にある。中国文化の学習と理解を通じて、友情と協力の種が青年の心に根付き、芽生え、中日両国人民友好交流を促進し、その友情の絆を世代を超えて続けることができる。

「済南中日交流の窓」は、山東師範大学と日本国際交流基金が共催する文化交流プロジェクトであり、2013年に山東師範大学に設立された。また、2014年には「和歌山の窓」が設立された。現在、二つの「窓」は山東師範大学長清湖キャンパスの文淵楼

「和歌山の窓」の図書コーナー

2018年4月3日、和歌山県議会の浜口太史議長が「和歌山の窓」で講演

4階にあり、展示室、閲覧室、事務室、写真ウォール、休憩コーナーの5つのエリアを持ち、和歌山県からの寄贈図書を含む日本語原版書籍4000冊以上、日本文化用品200種類以上を所蔵している。二つの「窓」は社会に開放され、桜林の栽培、茶道文化交流会、中日大学生交流文化祭、和歌山県紹介活動、和歌山と大阪紹介テーマ活動など350回以上の交流活動を開催し、山東師範大学の教師・学生や社会一般の人々に貴重な対日交流と協力の機会を提供し、済南市だけでなく、山東省の中日文化交流を推進し、地域交流・協力の素晴らしい「名刺」となって

いる。特に「和歌山の窓」は、和歌山県と山東省の友好交流の窓口として重要な役割を果たしている。

山東師範大学と日本の和歌山大学は1998年から友好校関係を築いており、密接な交流を続けている。山東師範大学は毎年3名の学部生を和歌山大学に派遣し、1年間の交換留学を行っている。

和歌山大学の式典に参加した2020年度学部生の金さん（右一）

和歌山大学の授業に参加した2021年度学部生の李さん（中央）

和歌山大学での交流学習に参加した2021年度学部生の李さん

2017年7月より、山東師範大学は毎年夏季に日本への教育実習団プロジェクトを行い、多くの教師・生徒を率いて和歌山での教育考察を行っている。これまでに山東師範大学の各学部から160名余りの学部生および大学院生がこのプロジェクトに参加した。この活動の目的は、学校の国際交流と協力を推進し、学生の国際的な視野を広げることである。主な訪問先は和歌山

2017年7月、山東師範大学が日本への教育実習団プロジェクトを行った

2023年7月3日、和歌山大学を訪問した山東師範大学実習団

大学、和歌山外国語専門学校、および和歌山市内の中小学校や企業であり、実習団の教師・学生は日本の大学生や中小学生との交流を通じて、日本の社会文化について学び、企業を見学し、関西地方の文化理解を深めた。

さらに、山東師範大学はオンラインとオフラインの両方で中日大学生間の交流と協力を強化することにも力を入れている。外国語学院日本語学科は2020年10月25日と11月1日に「山東師範大学と和歌山大学の中日大学生オンライン友好交流

2020年11月1日、山東師範大学日本語科の学生と和歌山大学の学生がオンライン交流を行った

会」を開催した。山東師範大学日本語科の学生と和歌山大学の学生は、インターネットを通じて、済南市と和歌山市の都市の特色、食文化、伝統的な遊びを紹介し合い、相互理解と友情を深めた。

2023年8月18日の午後、日本の和歌山県、下関市、木更津市、足利市、泉佐野市の21校の高校と大学から60名の教師・学生で構成された日本友好都市青少年訪魯交流キャンプ——日本友好都市青少年代表団は山東師範大学長清湖キャンパスを訪れ、山東師範大学日本語科の17名の教師・学生と共に交流を行い、中日青年学生の交流活動を展開し、済南中日交流の窓と和歌山の窓を見学した。

和歌山県は長年にわたり山東師範大学日本語科の建設を大いに支援し、「中日交流の窓」と「和歌山の窓」の日常活動に積極的に参加し、高く評価している。また、和歌山県国際課からの多くの国際交流員も積極的に済南中日交流の窓と和歌山の窓の活動に参加していた。

日本友好都市青少年代表団と中国の学生が山東師範大学長清湖キャンパス図書館前で記念写真を撮影

日本友好都市青少年代表団と中国の学生の合唱

2021年10月16日、和歌山県国際課交流員の川口喜寛がオンラインで「活力の地——和歌山」のテーマで講演を行った

2021年10月16日に和歌山県国際課の交流員川口喜寛が「和歌山の窓」の招待を受け、オンラインで「活力の地——和歌山」をテーマにした講座を行った。山東師範大学外国語学院日本語科の教師・学生や校内外の日語学習者約60名がオンライン講座を聞いた。

2023年8月28日の午前、日本和歌山県国際事務参事の岡沢利彦一行が、山東省人民政府外事弁公室亜州処四級調研員の崔璐と随行し、山東師範大学を訪問し、国際交流・協力処の張鴎副処長や日本語科主任の李光貞教授などの同行で、「済南中日交流の窓」と「和歌山の窓」を訪れ、日本語科の教師・学生と座談交流を行った。

2023年11月6日の午後、日本和歌山県議会議長の浜口太史一行が山東師範大学を訪問し、副校長の周珊珊が千佛山キャンパスで来賓を迎え、会談を行った。山東省人民政府外事弁公室亜州課の叢簫副課長をはじめ、外国語学院、教務処、離退職工作処、国際交流・協力処などの関係者も参加した。

2024年4月以来、毎週木曜日の午後2時から5時まで、和歌山県国際課の交流員松下直樹が「和歌山の窓」に来て学生たちと親しく交流し、日本語学習者の口語力向上を支援している。

さらに、山東大学の教職員と学生は、医薬および生物分野で和歌山県と密接な友好協力関係を築いており、双方の友情を深めるとともに、友好協力の新たな方向性を提示している。

2024年3月に和歌山県立医科大学の教師と学生が山東大学の

2023年8月28日午前、済南中日交流の窓、和歌山の窓を訪れた日本和歌山県政府国際事務参事の岡澤利彦一行

岡澤利彦参事一行と山東師範大学の師生代表の記念写真撮影

2023年11月6日、山東師範大学を訪問した日本和歌山県議会議長の浜口太史一行

冷凍電鏡プラットフォーム（生物医学構造表徴センター）を訪問した。2023年11月に山東大学齊魯医学院の科研・国際交流弁公室の湯煜春副主任が代表団を率いて和歌山県立医科大学を訪問し、2023年度の山東大学一和歌山県立医科大学学術シンポジウムに参加し、両校の協力をさらに広げた。2011年に当時の和歌山県立医科大学の学長である板倉徹が代表団を率いて山東大学を訪問し、山東大学一和歌山県立医科大学友好提携25周年記念行事に参加した。当時の山東大学の学長である徐顕明が代表団に面会し、副学長の張運が25周年記念式典および中日医学看護学術シンポジウムの開会挨拶を行った。

高等教育のレベルでは、双方は青年交流の促進と友情の増進を目的とした多くの活動を行ってきた。日本側は山東の高等教育機関の教育成果および対日交流の成果を高く評価しており、これらの大学が山東省の対日文化交流のリーダーとして重要な橋渡し役を果たしていることを評価した。双方は友好提携40周年を迎えるにあたり、教育および文化交流の協力をさらに広げ、共に発展を図ることを期待している。

和歌山県と中国、特に山東省との友好交流は、当初の協力から教育、文化などの人文分野にまで拡大し、これは何世代にもわたるたゆまぬ努力の成果であり、中日両国民が友好関係を深化させたいという強い願望の表明でもある。

環境保護の交流

環境保護は東アジア地域において緊急に解決すべき課題となっており、双方は多国間協力の枠組みの中で、より積極的な態度で具体的な解決策を考えるべきだという共通認識に達した。

日本は省エネ・環境保護分野で技術が進んでいるアジアの国である。周辺のアジア諸国や地域で顕著な環境保護の問題に対し、日本政府と企業はその技術競争力を最大限に活用し、国際的な環境保護協力を幅広く展開し、環境保護産業分野でのグローバル戦略を積極的に推進している。

中国は40年以上の急速な発展を遂げ、基本的に工業化を完了し、先進国が100年以上、さらに200～300年もかけて進んだ工業化の道を歩んできた。その過程で先進国が直面したさまざまな環境問題を経験したが、中国の環境保護産業は近年急速に発展している。

環境保護という課題について、山東省は環境保護と高品質な発展を推進する新たな取り組みを始めている。どのようにして理論、技術、成果を活かし、住民に環境保護に関心を持たせるか、日本から学ぶべきことが多い。時代と両国の発展という大きな背景の下で、山東省と和歌山県は環境保護の分野で対話と交流を続け、グリーン転換の道を歩んでいる。

2007年11月20日、姜大明省長と和歌山県の仁坂吉伸知事は、済南で「山東省・和歌山県友好交流関係の発展に関する覚書」を調印し、エネルギー節約と環境保護を両省県の経済貿易、農業、文化・スポーツ、観光、人的交流などの協力の主要内容とすることで、環境保護分野での交流協力の新たな時代を開いた。これを基に、山東省と和歌山県は2008年から環境保護交流を開始した。

特筆すべきのは、経済産業省の高官を歴任した仁坂知事が就任当初から積極的に「友好省県」である山東省との協力関係を具体化するために尽力したことである。彼は「2007年、知事に選ばれた直後に山東省を訪問し、環境保護、人材育成、観光、産業など具体的な協力を提案しました。その後、両地の協力はますます具体的になり、これは非常に良いと思います」と語った。仁坂知事から見れば、多くの協力分野の中で、中国にとって最も助けになるのは環境保護の協力である。だから、和歌山

2007年、山東省・和歌山県友好交流関係の発展に関する覚書調印

県から山東省に経験と技術を提供することを提案し、山東省側もこれに対して高い評価をしているのである。

和歌山県は2008年から2013年まで毎年山東省の環境保護研修生を受け入れ、環境保護専門家を山東省に派遣して指導を行ってきた。山東省はこれまでに6回、合計73人を和歌山県に研修生として派遣し、和歌山県からも5回にわたり環境保護専門家を受け入れた。これによって、両省県間の環境保護交流が大いに促進された。

2011年から、山東省は和歌山県からの交流公務員を受け入れ始め、これまでに10人を受け入れた。また、彼らに1年間の友好都市留学生奨学金を提供し、山東師範大学での中国語研修をサポートしている。

2008年、山東省を訪問した日本和歌山県代表団

2008年、山東省を訪問し交流学習を行った日本和歌山県代表団

荘子が曰く:「北の冥に魚あり。その名を鯤と為す。鯤の大きさ、その幾千里なるを知らず。化して鳥と為るとき、その名を鵬と為す。鵬の背、その幾千里なるを知らず。怒りて飛べば、その翼は天に垂れる雲の若し。」鯤鵬という大きな鳥が、水面を叩き三千里、天に向かって九万里飛翔する。この神物は、大海や天空を越えることができると古人は考えたが、現代の交通手段では、これは「一衣帯水」の距離である。中日両国の民族が心の距離を縮めるには、まだ長い道のりが残されている。

山東省環境保護研修団と和歌山県専門家学者の交流

2009年、東燃ゼネラル石油株式会社和歌山工場を視察した山東省代表団

2010年、住友金属工業和歌山製鉄所を視察した山東省代表団

2011年、松田商店株式会社を訪問した山東省環境保護研修団

2011年、和歌山県企業を訪問した山東省環境保護研修団

2011年、和歌山県の専門家が「齊魯講壇」で講義

2011年、山東省を訪問し交流を行った和歌山県の専門家・学者

2013年、新日鐵住金和歌山製鉄所を訪問した山東省環境保護研修団

2013年、山東省を訪問した和歌山県の環境保護専門家

2013年、関西電力の御坊発電所を訪問した山東省環境保護研修団

2013年、花王和歌山工場、花王環境実験室・博物館を訪問した山東省環境保護研修団

2013年11月、和歌山県を訪問した山東省環境保護研修団

重要事項年表

1984年

4月17日　梁歩庭省長が友好代表団を率いて和歌山県を訪問し、仮谷志良知事とともに山東省—和歌山県友好省県関係締結の調印式に出席した。

8月19日～24日　仮谷志良知事を団長、松本計一議長を副団長とする和歌山県友好訪中団一行16人が山東省を訪問した。

1987年

3月17日～29日　李昌安省長が山東省政府代表団を率いて和歌山県を訪問した。

1990年

5月13日　趙志浩省長が山東省政府代表団を率いて和歌山県を訪問し、仮谷志良知事と会談した。

5月25日　和歌山県議会議長である門三佐博を団長とする和歌山県議会友好訪中団が山東省を訪問した。山東省人民代表大会常務委員会の李振主任が訪問団一行と会見し、晩餐会を開いた。

9月12日　日本衆議院議員である貴志八郎を団長とする和歌山県友好訪中団一行13人が山東省を訪問した。中国共産党山東省顧問委員会の梁歩庭主任が来賓と会見した。

1994年

4月26日　趙志浩省長が済南で、和歌山県山東友好都市協会

の山崎利雄会長を団長とする第三次桜友好訪問団と会見した。

5月9日　趙志浩省長が済南で、和歌山県の仮谷志良知事を団長とする和歌山県政府友好代表団と会見した。

7月16日　趙志浩省長が山東省政府友好代表団を率いて和歌山県を訪問し、両省県の友好提携締結10周年記念活動に出席した。

1996年

2月28日～3月6日　和歌山県農林水産部の吉村昌彦副部長一行5人が山東省を訪問し、山東省と和歌山県の友好提携締結10周年記念活動に参加し、山東省に生物科研設備を贈呈した。

3月1日　和歌山県が援建した中日友好生物工程実験棟が山東省科学院中試基地で落成した。

9月11日～20日　和歌山県観光考察団一行が山東省を訪問した。張瑞鳳副省長が代表団と会見した。

1997年

3月28日～4月6日　和歌山県日中友好協会の岩橋延直会長が率いる少年少女合唱団、バレエ団一行150人が済南を訪問し、公演を行った。山東省政協主席兼山東省対外友好協会会長の陸懋曾が代表団と会見し、演出を観賞した。

1999年

1月28日　和歌山県知事室長の中山次郎を団長とする和歌山県友好交流団が山東省を訪問し、山東省委員会副書記兼省長李春亭が代表団一行と会見した。

6月22日～29日　和歌山県文化団一行12人が山東省を訪問した。元山東省委員会書記の梁歩庭、山東省対外友好協会会長の陸懋曾が代表団と会見し、晩餐会を開いた。

6月29日～7月7日　邵桂芳副省長が山東省政府代表団を率いて和歌山県を訪問し、山東省と和歌山県の友好提携15周年記

念活動に出席し、和歌山県が開催する南紀熊野体験博覧会に参加した。

7月14日　和歌山県の藤谷茂樹理事を団長とする和歌山県行政代表団が山東省を訪問した。邵桂芳副省長が済南で代表団一行と会見した。

2000年

4月11日～18日　日本和歌山県山東省都市友好協会の山崎利雄会長を団長とする友好訪問団一行38人が山東省を訪問し、山東省と和歌山県の友好提携締結15周年記念活動に参加した。韓寓群副省長が代表団と会見した。

5月9日～19日　山東省委員会副書記兼省長李春亭を団長とする山東省政府代表団一行17人が和歌山県を訪問し、友好交流の強化に関する覚書を調印した。

5月19日　和歌山県議会議員門三佐博氏を団長とする和歌山県観光団一行164人が山東省を訪問し、山東省人民代表大会常務委員会王玉璽副主任が代表団と会見し、晩餐会を開いた。

11月15日～20日　和歌山県―山東省都市友好協会の山崎利雄会長を団長とし、和歌山県友好協会の岡本保会長を特別顧問とする友好訪問団一行18人が山東省を訪問し、鄒平市に希望工程助学基金を寄贈した。山東省人民代表大会常務委員会の趙志浩主任が訪問団一行と会見した。

2001年

3月24日～28日　和歌山県日中友好協会の岩橋延直会長を団長とする和歌山県日中友好代表団一行が山東省を訪問した。邵桂芳副省長、山東省対外友好協会の陸懋曾会長が済南で代表団一行と会見した。

6月14日～19日　和歌山県の木村良樹知事一行が「中国山東・北東アジア地方政府首脳経済発展セミナー」に招待され、済南市、青島市、泰安市、曲阜市などを訪問した。山東省委員会書記の呉官正、山東省委員会副書記兼省長李春亭がそれぞれ木村良樹一行と会見した。

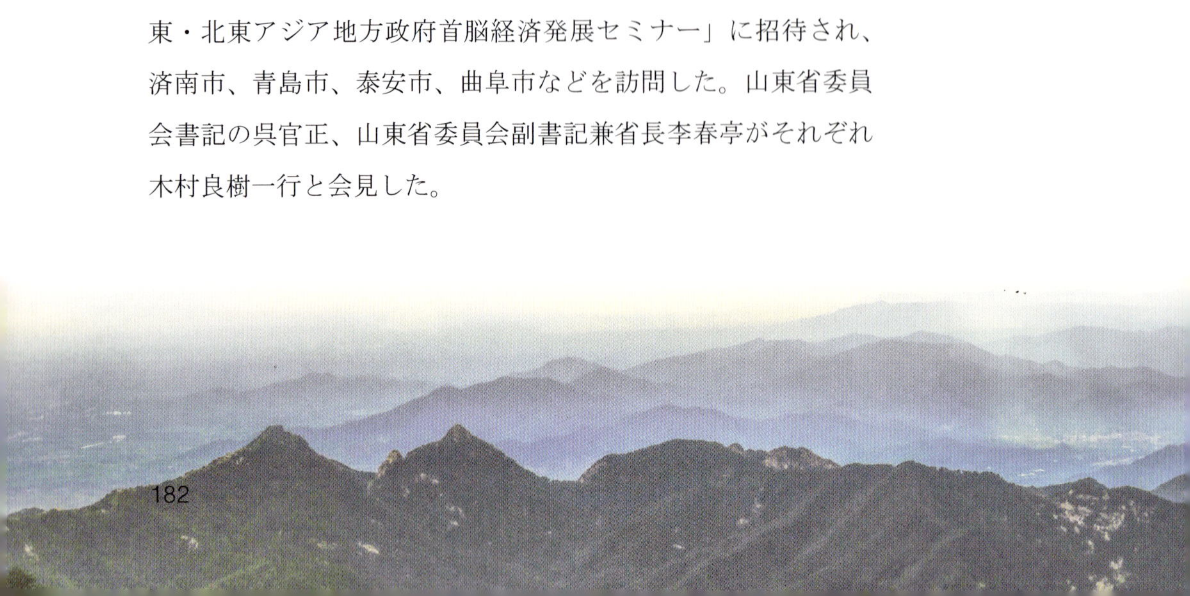

2002年

7月16日　和歌山市副議長の浅井武彦を団長、副市長の松田優輝を副団長とする日本和歌山市第19次友好訪問団が山東省を訪問し、山東省委員会副書記兼済南市委員会書記の孫淑義が代表団一行と会見した。

8月9日～10日　「中日国交正常化30周年記念・中日書法友好交流展」が済南の趵突泉公園で開催された。山口県友好協会、和歌山県友好協会代表団一行46人が活動に参加した。山東省人民代表大会常務委員会莫振奎副主任が開幕式に出席し、テープカットを行った。

9月30日　和歌山県議会総務委員会委員長を団長の新島雄を団長とする和歌山県議会友好考察団が山東省を訪問した。山東省人民代表大会常務委員会の莫振奎副主任が済南で代表団一行と会見した。

10月10日～14日　貴志八郎を団長とする日本和歌山県身体障害者連盟代表団一行4人が山東省を訪問した。梁歩庭副省長、

山東省対外友好協会の陸懋曾会長などが代表団と会見した。

11月13日～16日　和歌山県出納長の大平勝之一一行が山東省を訪問し、林廷生副省長が来賓と会見した。

2003年

10月8日　孫守璞副省長が済南で、山崎利雄会長が率いる和歌山県ー山東省都市友好協会訪中団と会見した。

10月19日～11月3日　山東省委員会書記兼山東省人民代表大会常務委員会主任の張高麗氏が山東省友好代表団を率いて和歌山県を訪問し、木村良樹知事と会談した。

11月19日～22日　和歌山県の中山次郎副知事が友好代表団を率いて済南市などを訪問し、済南空港を視察し、山東省の関連部門と業務会談を行った。山東省委員会書記兼山東省人民代表大会常務委員会主任の張高麗が代表団と会見した。

2004年

4月24日～29日　元日本国会議員、和歌山県日中友好協会顧問の貴志八郎を団長とする日本和歌山県友好交流団が山東省を訪問した。26日、陳延明副省長が済南で代表団と会見し、貴志八郎に「山東省名誉公民」称号を授与した。

5月22日～25日　和歌山県の木村良樹知事、尾崎要二議長が友好交流団一行130人を率いて山東省を訪問し、両省県の友好提携締結20周年記念大会及び黄河公園「中日友好林」記念植樹活動に出席した。山東省委員会書記兼山東省人民代表大会常務委員会主任の張高麗、山東省委員会副書記兼省長の韓寓群がそれぞれ代表団と会見した。

10月15日　山東省委員会副書記兼済南市委員会書記の姜大明が済南で、和歌山市の大橋建一市長を団長、浅井武彦議長を副団長とする和歌山市第21次友好訪問団一行と会見した。

10月17日～18日　山東省と和歌山県の友好提携20周年を記念した水墨画の連携展示会と小川華瓣の水墨画展が山東美術館で開催された。山東省委員会副書記兼省長の韓寓群が祝辞を述べ、山東省人民代表大会常務委員会の李明副主任が開会式に出席し、祝辞を述べた。

2005年

4月21日　謝玉堂副省長が済南で、和歌山県山東省都市友好協会の山崎利雄会長を団長とする友好訪中団と会見した。

9月23日　孫守璞副省長が済南で、和歌山県日中友好顧問、元日本国会議員、「山東省名誉公民」である貴志八郎を団長とする和歌山県民友好訪中団と会見した。

2006年

10月19日～21日　元日本衆議院議員、「山東省名誉公民」である貴志八郎を団長とし、和歌山県議会議員の門三佐博を顧問とする和歌山県友好代表団が山東省を訪問した。山東省人民代表大会常務委員会の莫振奎副主任が来賓と会見し、門三佐博に「山東省名誉公民」の称号を授与した。

11月10日　山東省委員会副書記兼済南市委員会書記の姜大明が済南で、和歌山市議会の貴志啓一議長を団長、金崎健太郎副市長を副団長とする友好訪問団と会見した。

2007年

10月21日～24日　和歌山市の北野均議長が12人の友好訪問団を率い、済南を訪れた。山東省委員会常務委員兼済南市委員会の書記の焉栄竹が代表団と会見した。

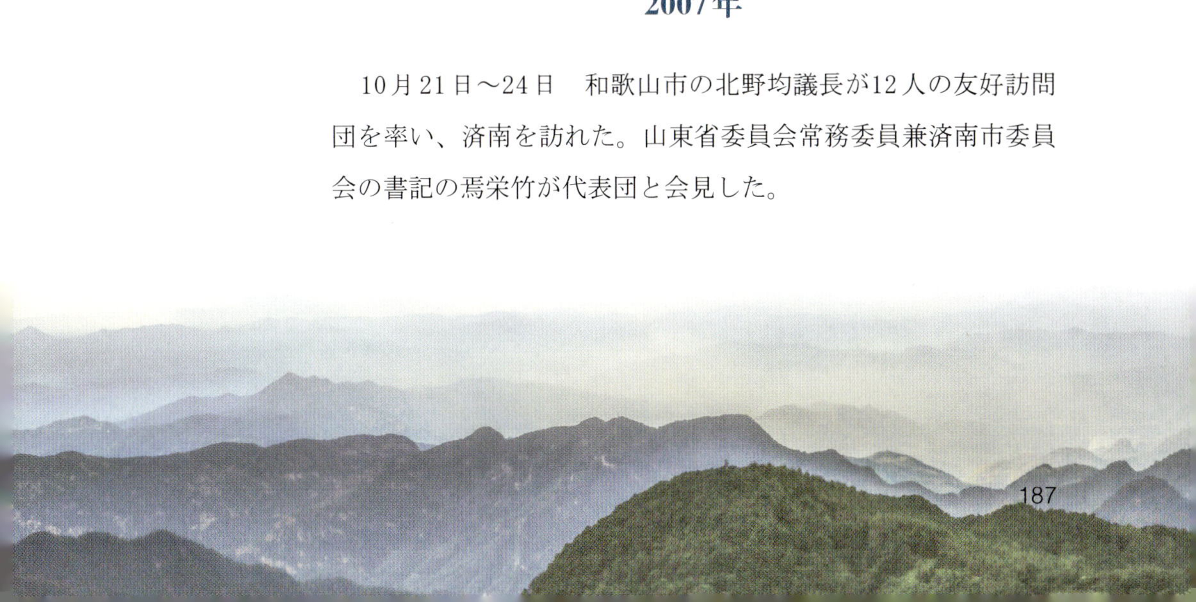

11月19日〜21日　和歌山県の仁坂吉伸知事と中村裕一議長が率いる代表団が山東省を訪問した。山東省委員会書記の李建国が代表団と会見した。山東省委員会副書記兼代省長の姜大明が代表団と会談を行った。双方は友好交流関係の発展に関する覚書を調印した。

2008年

2月19日〜20日　和歌山県の原邦彰副知事が山東省を訪問し、郭兆信副省長が来賓と会見した。

11月2日〜6日　済南市と和歌山市の友好提携25周年を祝うため、和歌山市の大橋建一市長を団長、寒川篤副議長を副団長とする和歌山市友好訪問団が済南を訪問した。山東省委員会常務委員兼済南市委員会書記の焉栄竹、済南市市長の張建国、済南市人民代表大会常務委員会主任の徐華東、済南市政協主席の徐長玉が代表団と会見した。双方は「中国済南市・日本和歌山市友好都市関係を深めるための覚書」を調印した。

2009年

10月29日～11月2日　和歌山市議会の宇治田清治議長を団長、畠山貴晃副市長を副団長とする和歌山市友好訪問団が済南を訪問した。済南市人民代表大会常務委員会の徐華東主任が代表団と会見した。

11月22日～25日　和歌山県と山東省の友好提携25周年を記念するために、和歌山県の富安民浩議長、下宏副知事が率いる議会、政府、経済貿易代表団および日中友好協会代表団100余名が山東省を訪問し、山東省ー和歌山県友好提携25周年記念活動に参加した。山東省委員会副書記兼省長の姜大明が代表団と会見した。

2010年

3月2日　才利民副省長が済南で、和歌山県の下宏副知事、富安民浩議長が率いる行政、航空、観光、経済貿易代表団と会見した。

8月10日～11日　和歌山県の下宏副知事が山東省を訪問し、才利民副省長が済南で来賓と会見した。

2011年

8月9日～12日　和歌山県の仁坂吉伸知事が山東省を訪問した。山東省委員会書記兼山東省人民代表大会常務委員会主任の姜異康、山東省委員会副書記兼省長の姜大明が済南で来賓と会見した。

2014年

10月21日～24日　和歌山県議会の坂本登議長を団長とする和歌山県議会代表団一行10名が山東省を訪問した。22日に山東省と和歌山県の友好提携30周年を記念する展示会および和歌山県風景写真展が山東博物館で開催された。山東省人民代表大会常務委員会の宋遠方副主任、和歌山県議会の坂本登議長がイベントに出席し、それぞれ祝辞を述べた。

2015年

5月24日～26日　和歌山県の下宏副知事一行が山東省を訪問した。夏耕副省長が済南で来賓と会見した。

2016年

11月17日　山東省委員会副書記兼省長の郭樹清が済南で、和歌山県知事の仁坂吉伸と議長の浅井修一郎一行と会見した。

2018年

4月20日、山東省委員会副書記兼省長の龔正在が済南で和歌山県の仁坂吉伸知事一行と会見した。

12月12日～19日　于国安副省長が代表団を率いて日本を訪問し、和歌山県の仁坂吉伸知事および下宏副知事と会談し、近畿大学水産研究所や和歌山県果樹試験場を訪問した。

2019年

3月24日～4月2日　山東省委員会副書記兼省長の龔正が山東省代表団100余名を率いて日本を訪問し、和歌山県仁坂吉伸知事と会見し、両省県の友好提携35周年記念祝賀会に出席した。

10月16日　和歌山県の仁坂吉伸知事と岸本健議長が率いる政府、議会、経済貿易、健康・福祉、日中友好協会代表団一行159名が山東省を訪問し、両省県の友好提携35周年記念活動に出席した。山東省委員会書記の劉家義が代表団一行と会見した。

2020年

7月30日　「対話山東ー日本・山東産業協力交流会」が済南で開催され、和歌山県の仁坂吉伸知事がオンラインで出席した。

2022年

4月8日　中日青少年スタンプラリー大会の開幕式および山東省人民代表大会ー和歌山県議会オンライン交流会が済南で開催された。山東省人民代表大会常務委員会副主任の王随蓮、中国駐大阪総領事の薛剣、和歌山県議会議長の森礼子、和歌山県日中友好協会会長の中拓哉がオンラインで出席し、挨拶を行った。

8月24日　第三回「対話山東ー日本・山東産業協力交流会」が済南で開催され、和歌山県知事の仁坂吉伸と山東省委員会書記の李幹傑がオンラインで交流した。

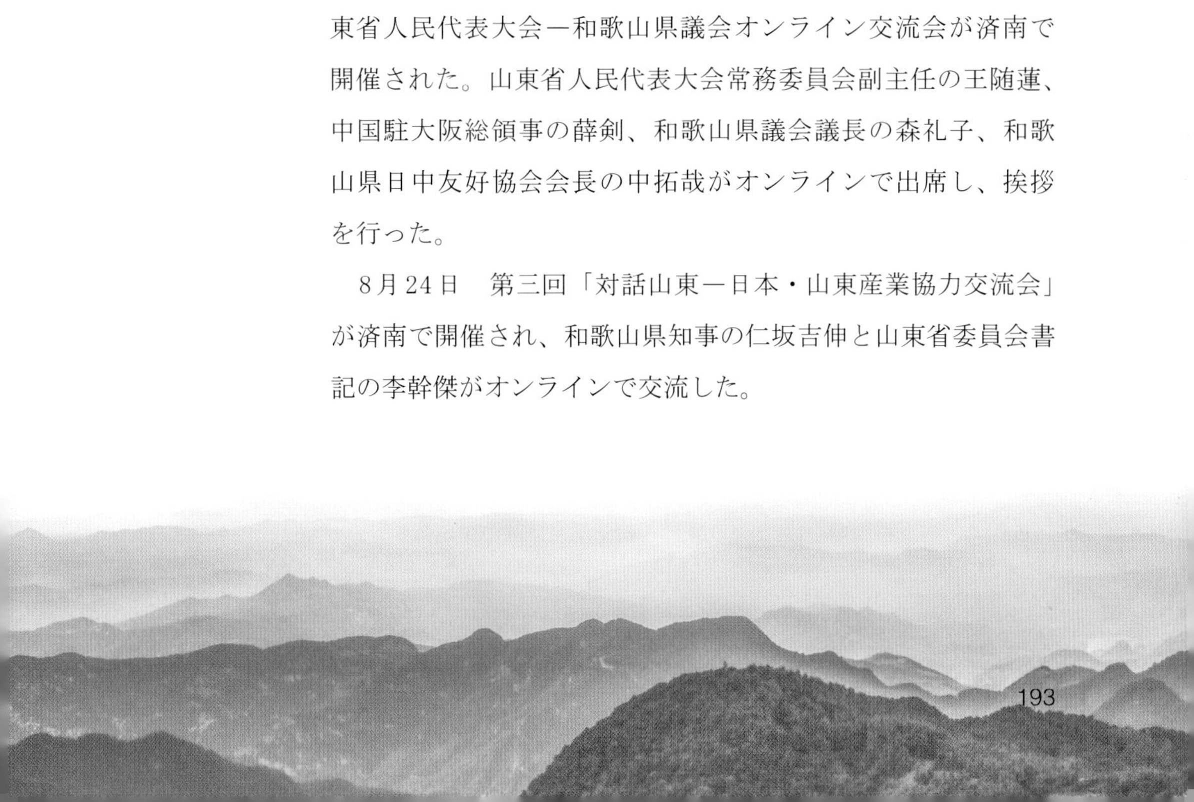

2023年

3月8日　山東省副省長の宋軍継が山東省政府代表団を率いて和歌山県を訪問し、和歌山県の岸本周平知事が代表団一行と会談した。

11月6日　山東省人民代表大会常務委員会副主任の范華平が済南で和歌山県議会議長の浜口太史と会見した。

2024年

4月19日～20日　山東省常務委員会兼宣伝部部長の白玉剛が和歌山県を訪問し、和歌山県の岸本周平知事と会談し、両省県の友好提携40周年記念事業の活動に参加した。